文芸社セレクション

維新から百年
日本国興亡の真相？

小島 伊織

KOJIMA Iori

JN068347

文芸社

要旨

明治政府の「明治以前は愚かな日本だった」という洗脳と、失業した武士階級の怨念と、明治憲法の欠陥と、世界恐慌と、若いエリート達の社会主義体制への願望と、新聞の戦争煽動と、ソ連のスターリンの日本—米国・支那戦争から北日本占領を目指す壮大な謀略と、米国のルーズベルト大統領の狂った名誉欲とが昭和の日本軍を敗戦必至の大戦争に追い込んだ。

そして、(天皇を頂く)社会主義・全体主義国家を夢見る陸軍は、ソ連の協力を得ようとしたが、まんまと騙されて、北日本を占領されそうになった。一方、海軍はハワイを奇襲攻撃して、米国を早々に戦争に引きずり出し、その上で米国に降伏し、自由主義圏に残ろうとして、計画通りに成功し、かろうじて日本国は残った。

しかしその後、日本国民に対して、アメリカ軍と共産主義者主導の徹底的な洗脳が行われ、その結果、国を守る必要を感じない国民を大量に生産してしまった。近未来

4　の日本に再度の亡国はあるのか？

註　電子版から一部修正を加え、陸・海軍の派閥の対立の状況を分かり易くした。

まえがき

小学校に入った頃、私は仙台の東郊の、霞の目飛行場の近くの、市営住宅に住んでいた。市営住宅には外国から引き揚げて来た人や公務員の家族が多く住んでいた。霞の目飛行場は凄く小さい飛行場で、ここにはアメリカ軍が駐屯していた。小学校の先生は毎日の様に「日本は愚かにも世界を征服しようとして、戦争を始め、アメリカに負けて、罰として、アメリカが日本を治めています。だから、アメリカの兵隊には絶対に逆らってはいけません。飛行場にも絶対に入ってはいけません」と私達に注意をしたが、私達は好奇心を抑えられずに、そっと飛行場に入りこんで、いたずらをしていた。

アメリカ軍は小学校の後半にはいなくなったが、その後、私が高学年になるとともに、「本当に日本は愚かな戦争を始めたのか？　どんな証拠があって、そんな事が言えるのか？」と疑問が湧いてくる様になり、時々色々な本を読んでみたが、なかなか納得する本に出合えなかった。しかし、それから長い年月が経って、六十歳を過ぎると、日本を弱体化するために、アメリカ軍は日本人の若い人に「日本軍は悪い事をした」という、洗脳教育をし、大人にもＮＨＫラジオで嘘の情報を繰り返し流すなどして、洗脳をし、その主張に反する趣旨の本を焚書するなどして、調べられない様にし、さらに、その教育を受けた人達がそれを次の世代に同様な洗脳教育をし続けたので、その洗脳教育を受けた本人達もそれに全く気が付かないでいる、という趣旨の本や動画が入手出来る様になって、「ああ、そうだったのか？」と合点がいったのである。実に巧妙な、しかも、完全な洗脳プログラムだったんだなー、と感心するばかりである。

それでは、「明治維新からこの方、本当は何があったのか？」、それを書いてみたい、という欲求が私の中に湧き起こってきて、色々とその方面の著作や動画を調べていた。その時、タイミング良く、百田尚樹氏の『日本国紀』が出版されたので、早速読んでみたら、従来の歴史書と全く異なり、実に斬新で爽快な歴史書であった。しかし、レーニンやスターリンのアメリカや日本や支那に対する秘密工作や、明治憲法の欠陥に起因する陸・海軍の政治への介入や軍事的暴走や両軍の深刻な対立などが書いていないので、私には少し物足りない本であった。それで、日本の明治維新以降の近現代に何があったのかを、最新の視点から、時間の順に、事実を忠実に書き並べてみたのである。

そうすると、日本の陸・海軍が昭和初期から、突然狂った様に、暴走し始めた理由が見えてきたので、紹介する。当時の日本の外的な悪環境としては、①ソ連のスターリンが仕掛けた「日米戦争を起こさせて、日本を敗北させ、日本を共産化して、北日本を占領しよう」としてアメリカと支那と日本を巻き込んだ謀略と、②アメリカのF・ルーズベルト大統領の「対日独伊戦争に勝って、アメリカの景気を良くして、支持率を上げて、四選を果たして、〝偉大な大統領〟と呼ばれたい」という狂った名誉欲と、③世界恐慌と関東大震災とが挙げられる。

日本の内的な悪要因としては、④明治維新のために失職してしまった全国の武士階級の人々と理不尽に討伐された奥羽越武士達の怨念がその息子や孫の心に生き続けて、母国に対する反感と軽蔑を育ててきた事と、⑤明治政府が学校教育で実施した「維新以前の日本人は愚かだった」という洗脳教育と（④の）母国に対する反感と軽蔑の念が育てた、エリート達の内心の母国に対する破壊衝動と、⑥明治憲法の欠陥が陸・海軍に暴走する口実を与えた事と、⑦社会主義が（軍人を含む）エリート達に理想の国家経営理論として受容された事と、⑧新聞・雑誌等によって煽られた好戦的な過激な世論と、⑨日本の陸・海軍の対立が酷かった事、とが挙げられる。

これらの悪環境や悪要因が複雑に絡まり合って、陸軍も海軍も集団自殺の様に亡国に突き進んでいった様に見えるので、それを歴史の教科書の様に、時間の順に本書に書いてみた。

「そんな事は専門家に任せておけ」という声もあるが、その専門家が現代のアメリカ軍による「洗脳」を担ってきたので、我々素人がそれをやるしかない。歴史学は理科系の学問の様には、その学者の唱える学説の真偽がなかなか明白にならないので、その提唱者が一流大学の教授や助教授であるか否かがその「真偽の判定」の代わりに使われている。それで、しかるべきポストを仲間内で守り続けさえすれば、半永久的にその学説は有力であり続けるのである。「そんな学説はもう社会の役に立たないから、そんな学者は辞めさせろ」という意見もあるが、その際に「錦の御旗」の様に出てくるのが、「学問の自由」という言葉である。だから、情報量でこの「洗脳」の効果を薄めるしかない。

これを読むと、今まで仲間や親友だと思っていた親しい人達と話が合わなくなる可能性があるので、注意が必要である。念のために、書いておく。それほど我々への洗脳は見事になされている。この作品が日本の将来のために役に立つ事を深く祈念する。

目次

維新から百年　日本国興亡の真相？

一、戊辰戦争と西南戦争

大政奉還

慶応三年（一八六七年）十月十四日、江戸幕府第十五代将軍の徳川慶喜が明治天皇に「大政奉還」（統治権の返上）を奏上し、翌日天皇がこれを勅許した。しかし、行政の実務は未だ旧幕府に委任されていた。徳川幕府体制の完全な排除を目指す薩摩藩、土佐藩、長州（萩）藩の三藩は、これを武力で解決しようと考えていた。（以上参考文献⑬参照）（以下○印は文献番号）

王政復古の大号令

そして、同年十二月九日、前述の五藩は宮廷クーデターを起こして、朝廷を掌握し、公家の岩倉具視が「王政復古の大号令」を発し、幕府の廃止と新政府樹立を宣言した。（以上⑬参照）

江戸薩摩藩邸焼き討ち事件

旧幕府体制を武力で倒すために、江戸薩摩藩邸は西郷吉之助の命を受けて、関東浪人相楽総三らに江戸で放火や、略奪、暴行などを繰り返させて、旧幕府を激怒させ、これは庄内藩と旧幕府軍による江戸薩摩藩邸の焼き討ち事件へと発展した。そして、この事件が鳥羽・伏見での両軍の衝突に繋がるのである。つまり、西郷らは、汚い手を使って、強引に内戦に持ち込んだのである。なお、相楽総三はその後も同じ様な、勝手な行動を続けたので、罪人として手配され、新政府軍に逮捕され、同年三月に下諏訪で処刑された。(以上Ⓦ参照)

鳥羽・伏見の戦い

慶応四年（一八六八年）一月三日午前、鳥羽街道を封鎖していた薩摩藩兵と旧幕府軍先鋒が接触し、「通せ、通さない」で押し問答をしている内に、夕方になり、押し通ろうとした旧幕府軍先鋒に薩摩藩の砲兵隊が発砲し、驚いて大混乱に陥った旧幕府軍先鋒が潰走し始めたところに、桑名藩の砲兵隊が到着し、追撃を開始した。日没を迎えても戦闘は継続し、旧幕府軍は再三攻勢を掛けるが、薩摩藩兵の優勢な銃撃の前に死傷者を増やし、遂に下鳥羽方面に退却した。大目付の滝川具挙は乗った馬が砲撃音に驚いて、逃走したので、行方不明になった。

一方、伏見でも通行をめぐって押し問答が繰り返されていたが、鳥羽方面に砲声が聞こえると、戦端が開かれた。旧幕府軍が旧伏見奉行所を本陣に展開し、対する薩摩・長州藩兵は御香宮神社を中心に伏見街道を封鎖し、奉行所を包囲する形で布陣していた。奉行所内にいた会津藩兵や新撰組が切り込み攻撃を掛けると、高台に布陣した薩摩砲兵隊がこれに銃砲撃を加えた。旧幕府軍は多くの死傷者を出しながらも突撃を繰り返したが、午後八時頃、薩摩藩砲兵の放った砲弾が伏見奉行所内の弾薬庫に命中し、奉行所は炎上した。新政府軍はさらに周囲の民家にも放火して、これを照明代わりに猛烈に銃撃したため、旧幕府軍は支え切れずに退却を開始し、深夜零時頃、新政府軍は伏見奉行所に突入した。旧幕府軍は堀川を越え、中書島まで退却して、防御線を張った。しかし、陸軍奉行竹中重固は部下を置き去りにして、馬と共に逃走した。

この鳥羽・伏見の戦いは、緒戦では両軍一千五百人程度の小規模な戦いでしかなかったが、続々と集まって来た総兵力は薩長土軍約四千五百人に対し旧幕府軍約一万五千人と、旧幕府軍が三倍もあり、兵器も旧幕府軍の方が遥かに優秀であった。しかし、寄せ集め部隊の旧幕府軍の大目付や陸軍奉行の乗馬が、大砲の轟音に驚いて逃走して、その主人と共に行方不明になり、命令系統が緒戦から機能しなくなったので、一体になった戦いが出来なかった。総指揮官クラスが実践的な訓練を怠ったからである。これに徳川慶喜が大阪城から「千兵が最後の一兵になろうとも、決して退いてはならぬ」と叱咤したものの、余り効果は無かった。

さらに、ここで、新政府側ににわか作りの「錦の御旗」が出現して、これに旧幕府軍が驚愕し、「われらは賊軍になったのか？　それはいかん。天子様には銃を向けられん」と浮き足立ち、六日には総崩れになったのである。なお、この時使われた「錦の御旗」は偽物という説もあるが、眼に鮮やかで、楽隊もついて、効果抜群であったといわれる。

戦死者数は薩長土軍は約百十人、旧幕府軍は約二百八十人であった。

なお、軍艦同士の海戦も大阪湾と紀伊水道で行われたが、この戦いでは旧幕府軍が優勢で、薩摩軍の戦艦一隻が自焼し、他は逃走した。（以上六節Ⓦ参照＋私見）

この鳥羽・伏見の戦いが、明治維新の実質的なスタートである。

徳川慶喜は江戸に逃げ帰り謹慎

この知らせを聞いて、元将軍徳川慶喜は、一度も戦場に出る事なく、旧幕府重役ら数人と共に、六日の夜間密かに、軍艦開陽丸で大阪を離脱し、十二日に江戸に逃げ帰り、そのまま、天皇に恭順の意を表して、上野寛永寺に謹慎し、諸藩には「決して戦うに及ばず」と命じたので、大勢は決した。なお、大阪を離脱した際に、軍艦開陽丸の艦長、榎本武揚は、船の近くにいなかったので、置き去りにされた。それほど、慌ただしい将軍の大阪離脱であり、降伏であった。

翌朝、残された旧幕府軍は、何が起こったのか分からず、途方に暮れたが、仕方なく、急いでそれぞれの藩に帰り、九日には新政府軍が無人となった大阪城を接収し、京阪一帯は新政府の支配下に入った。（以上二節Ⓦ参照）

多くの藩が新政府軍に恭順

その後、徳川将軍家を支える尾張藩、紀州藩、水戸藩をはじめ、多くの雄藩が新政府軍にいち早く恭順した。（以上⑬参照）

戊辰戦争

慶応四年（一八六八年）一月七日、新政府は徳川慶喜追討令を発令し、幕府側で戦った松平容保（会津藩主）、松平定昭（伊予松山藩主）、板倉勝静（老中・備中松山藩）、酒井忠邦（姫路藩主）など計十一人が朝敵に指定され、これら朝敵に対して、降伏した諸藩から兵を供出させ、東征軍（または鎮撫軍）を編制して、東海道、東山道、北陸道などのルートから、主に江戸と会津・庄内に向けて、順次出発して行った。それぞれの先頭に「錦の御旗」と軍楽隊がついたのは、勿論である。「ピーヒャラ、トントントン、ピーヒャラ、トントントン、ピーヒャラ、トントントン」という軍楽は有名で、この軍楽で官軍が来たことが分かったといわれる。（以上Ⓦ参照＋私見）

なお、四国では土佐藩がいち早く他藩に兵を出し、武力でこれを説得して、新政府に降伏させた。西日本の他の地域でも戦争にはならずに皆降伏した。

また、江戸までの東海道ルートと東山道ルート、北陸ルートでも、戦争らしい戦争は殆ど無かった。殆どの藩が降伏を選び、その上に、自ら不満分子を処分したのである。（以上二節⑬参照）

甲州勝沼の戦い

しかし、甲州勝沼の山裾では、三月六日、東山道軍の板垣支隊と旧幕府系義勇軍との間で本格的な戦闘が行われ、板垣支隊が快勝した。詳細は省略。（以上Ⓦ参照）

江戸総攻撃回避の交渉

一方、駿府に到着していた東海道鎮撫軍には、東征軍大総督として有栖川宮織仁親王と参謀の西郷吉之助が着任し、三月十五日に「江戸総攻撃」を決定した。

ひたひたと江戸に迫る東征軍の「江戸総攻撃」を前に、三月十三日から十四日に、江戸薩摩藩邸で、旧幕府軍代表の勝海舟らと東征軍代表の西郷吉之助らとの会談が行われ、勝海舟は「一、徳川慶喜は水戸で謹慎する。二、江戸城の明け渡し後に、慶喜を田安家に戻す。三、武器・軍艦は上記の条件が満たされた後に、新政府軍に引き渡す。四、城内の者は城外に移って謹慎する。五、慶喜を補佐した者は命までも奪わない。六、暴発の士民鎮定は可能な限り旧幕府も行う。」などの講和条件を提示し、西郷は「まず、明日の総攻撃を中止し、京都に戻って協議する」と答えたといわれる。

この総攻撃中止を聞いて、板垣退助が抗議すると、西郷は「徳川慶喜を処刑するのは万国公法に反する、とイギリスのパークス公使が激昂しているそうだ。そう言われて

は仕方ない」と答えたといわれる。（以上Ⓦ参照）

朝議で江戸城無血開城等を了承

そして、西郷は京都に戻り、三月二十日、朝議の席で、「慶喜公は大罪を犯したと言えども、死一等を減じ、寛大な処置とすべきではないだろうか？」と提議したところ、同席した桂小五郎（木戸孝允）は「これまでの薩摩藩の厳しい主張から大きく変わって驚いたが、その通りである」と語り、また、副総裁岩倉具視は「慶喜は大総督府に出頭して、謝罪すべきである。また、田安亀之助への徳川家の土地・財産の相続は問題ないが、所領を北国か西国に移して、五十か七十万石にすべきである」と語り、また、副総裁で公家の三条実美は「会津・桑名の首魁である松平容保と松平定敬には死罪を求める」と語った。

朝議を経て、これをさらに修正し、また追加された第六条には「会津・桑名の両藩には、問罪の軍兵を派遣し、抗戦した場合には討伐する」とあった。

西郷が勅使と共に江戸に戻った後、四月四日、勅使が西郷を伴い江戸城に入城し、城内の者に上述の勅諚を伝えた。この勅諚の内容は、江戸城内にいる者を非常に安心させた。取り敢えず、徳川家は生き延びる事が出来たのである。（以上三節Ⓦ参照）

五箇条の御誓文

なお、事実上の政権交代に当たって、慶応四年（一八六八年）四月六日、新政府は「五箇条の御誓文」（統治の基本方針）を発布し、立憲君主制の国体を目指す事を示した。この中には「広く会議を興し万機公論に決すべし」や「上下心を一にして盛んに経綸を行うべし」などの聖徳太子の十七条憲法の言葉が取り入れられていた。（以上⑬参照）

江戸城無血開城

こうして新政府と旧幕府との間の和議は整い、慶応四年（一八六八年）四月十一日、江戸城は掃除が行き届き、美しく整頓された状態で、静かに新政府軍に引き渡された。これが有名な「江戸城無血開城」である。（以上Ⓦ参照）

しかし、戊辰戦争の山場はこれからであった。

市川・船橋戦争

四月三日には上総の市川・船橋では旧幕府強硬派軍と東山道軍の一部が衝突して、

東山道軍が勝利し、この周辺の民家が一千戸近くも炎上した。これが「市川・船橋戦争」である。損害は不明である。（以上Ⓦ参照）

五井戦争

負けた旧幕府強硬派軍の残りは、安房の五井方面に逃走し、東山道軍の一部が追尾して、ここで二度衝突し、旧幕府強硬派軍は敗北し、山の中に逃げ込んで、解散した。これも死者数等は不明である。（以上Ⓦ参照）

旧幕府強硬派軍（大鳥軍）

また、同日、元歩兵奉行の大鳥圭介らが率いる旧幕府強硬派軍（大鳥軍）約二千二百人は下総の国府台に集結し、会津軍と連携すべく、三隊に分かれて、日光山を目指して北上した。この軍には伝習隊（フランス式教練を受けた最強部隊）約七百人と砲兵隊約二百五十人も混じっており、旧幕府軍の中でも最強クラスであった。（以上Ⓦ参照）

野洲戦争

宇都宮城に既に入城していた東山道軍の一部が、これを阻止すべく、南下して、四月十六日から十七日、小山、武井付近で三度にわたり本格的な戦闘を行ったが、兵器の性能と錬度に勝る大鳥軍が快勝して、宇都宮城に向かった。新政府軍は当時北関東で頻発していた農民一揆を鎮圧するための出動で疲労困憊していた、ともいわれる。(以上Ⓦ参照)

第一次宇都宮城攻城戦

四月十九日、宇都宮城の南郊、簗瀬・砂田付近で、大鳥軍約一千人と東山道軍約七百人は激突して、これも大鳥軍が快勝し、さらに大鳥軍は城下に侵入して、攻城戦に持ち込み、山砲や放火による火炎が城内に満ち、状況が判別し難くなったのに加えて、呼応した会津軍も日光山から宇都宮近郊にまで出没する様になったので、東山道軍は城を脱出して、古川・館林に逃れた。また、城内が火炎に包まれてしまったので、大鳥軍も満福寺に避難した。死者数等の詳細は不明である。(以上Ⓦ参照)

岩井の戦い

この敗戦に驚いた東山道鎮撫軍本営は伊地知参謀と大山巌参謀が率いる救援部隊を派遣した。野津鎮雄率いる歴戦の薩摩五番隊を主体とする東山道軍は偶然、岩井付近に旧幕府軍の一部約一千五百人がいるのを発見して、四月二十日、攻撃し、簡単に快勝した。旧幕府軍が他にもいたのである。戦死傷者数は東山道軍が八人、旧幕府軍百三十人である。(以上Ⓦ参照)

安塚の戦い

東山道軍の一部の北上を受けて、安塚で大鳥軍の江上隊(会津軍)が迎え撃ち、四月二十二日、激しく衝突して、東山道軍が負けそうになったので、河田隊が救援に駆けつけ、激しい闘争心を発揮して、大鳥軍の江上隊を撃ち破った。大鳥軍はこれが初めての敗北であった。戦死傷者数は東山道軍が七人、大鳥軍が六十~七十人であった。(以上Ⓦ参照)

第二次宇都宮城攻城戦

翌朝、四月二十三日、香川敬三が率いる東山道軍約二万人は宇都宮城に向け出発して、大鳥軍約二千人も城の周辺に兵を配置した。衝突した両軍は激しく戦ったが、終盤には東山道軍が優勢になり、大鳥軍は日光山方面に逃走した。死者数等の詳細は不明である。（以上Ⓦ参照）

奥羽鎮撫総督府を仙台藩に設置

新政府は奥羽諸藩の攻略のために、奥羽鎮撫総督府を仙台藩に設置していたが、江戸が未だ安定していないために、兵を五百七十人しか送れなかった。それで、江戸の本営は恭順した奥羽諸藩の軍隊を使って、敵対する藩を討伐させる事にした。そして、総督府が奥羽諸藩に会津藩・庄内藩を討つ様に命じたところ、仙台藩・米沢藩など奥羽十四藩は、会津藩・庄内藩に謝罪を勧めるとともに、総督府に、慶応四年（一八六八年）四月十二日、寛大な処置を求める嘆願書を提出したが、実際に鎮撫軍を率いる、参謀の世良修蔵（長州藩）はこれを却下し、そして、両藩も謝罪を拒否した。（以上Ⓦ参照）

参謀世良修蔵惨殺事件

この時、世良は仙台藩・米沢藩の代表に会う際に、女郎屋の自分の部屋で、しかも、乱れた寝間着のまま、お気に入りの女郎に膝枕をしたまま、という非常に無礼で下品な態度で対応したために、これに激怒した仙台藩士が、藩内でクーデターを起こし、恭順派の若年寄三好監物を解任して、切腹に追い込んだ。さらに、奥羽鎮撫軍が庄内藩を攻撃するために出撃して行った隙を狙い、四月二十日、仙台藩と福島藩の藩士は世良の寝こみを襲って、首を取り、他数人を殺害した。なお、この女郎屋の費用を世良は仙台藩に払わせていたのである。そして、さらに、奥羽鎮撫総督府の総督と副総督二人の計三人の公家を誘拐し、監禁した。これで、仙台藩は奥羽鎮撫軍と戦争するしか途が無くなり、国家老但木土佐と軍事総督坂英力を中心に急いで戦闘態勢を整える事になった。

しかし、伊達政宗の世界の動向を見る目力も、二百六十年も経つと、全く消え失せ、プライドばかりが残って、仙台藩は、兵制も兵器も全く旧式のままで、「白河口の戦い」でも「磐城平城戦争」でも芳しい戦果を挙げる事は出来なかった。それでも、仙台藩の新政府軍への憎しみが強烈だったために、それが戦闘の場でめらめらと燃え上がり、非常な迫力があった、と言われる。(以上Ⓦ参照＋私見)

白河口の戦い

同日、会津藩は旧幕府領であった白河の小峰城を占領し、新政府軍の侵攻に備えたが、小峰城はこの戦闘で焼け落ちた。その後、この城は会津軍と宇都宮城から逃走して来た大鳥軍や旧幕府強硬派が立て籠もった。

そして、奥羽十四藩は、五月三日、「奥羽列藩同盟」を成立させ、三日後には北越六藩を加えて、「奥羽越列藩同盟」と名を変えた。

その最中、東山道軍七百人は、慶応四年（一八六八年）五月一日、三方から白河を攻めて、快勝した。会津軍・大鳥軍などの同盟軍の兵力は約二千五百人であったが、兵器の性能と錬度の差、さらに寄せ集め軍の連携のまずさは如何ともしがたく、同盟軍は約七百人の戦死者を出して、敗退した。それから七月中旬まで、奥羽諸藩は七度にわたり攻撃を繰り返したが、いずれも撃退されて、白河から撤退した。（以上Ⓦ参照）

上野戦争

この頃、上野の寛永寺に立て籠もっていた、旧幕府強硬派が作る彰義隊約三千人を新政府軍約一万人が、佐賀藩のアームストロング砲を使用して、討伐する事が決まり、慶応四年（一八六八年）五月十五日、激しい戦闘の後、目的を完遂した。アームストロング砲の発射音や着弾音は凄まじい轟音を発して、戦っている兵士だけでなく、江戸の民衆にも、大きな恐怖を与えた。損害は彰義隊の戦死者が約二百七十人、新政府軍の死傷者が約百人である。このアームストロング砲は佐賀藩が、見よう見真似で、自前でゼロから造ったもので、イギリス製のものよりも優れていた。（以上Ⓦ参照）

北越戦争

越後の長岡藩に北陸道軍二万人が迫ったので、慶応四年五月二日（一八六八年）、軍事総督の河合継之助は小千谷で北陸道軍軍監の岩村一郎と会談し、「中立」を申し入れたが、岩村はこれを拒否した。仕方なく、河合は新政府軍との戦いを選択し、奥羽越列藩同盟に加盟した。ここ数年前から、河合は、万が一に備えて、ガトリング砲（機関銃）などの最新式の兵器を外国から買い込んで、使い方を配下に十分に練習させていたので、驚かなかった。この戦争の背景には、直前の一八六一年四月から一八六五年五月まで行われた、アメリカの南北戦争の終結により、兵器が大量に世界の市場に溢れて、価格が大幅に下がり、買いやすくなった事情があったのである。

戦いは、先ず、長岡―小千谷間の榎峠の争奪から始まり、次は長岡城の争奪戦になった。五月十九日に北陸道軍が、信濃川を密かに船で渡河して、榎峠の戦いで殆どがら空きの長岡城を奇襲し、占領すると、今度は、七月二十四日に奥羽越同盟軍が、大沼の西端の「八丁沖」を密かに小舟と徒歩で渡り、長岡城を奇襲し、城を奪い返した。その後、北陸道軍が六隻の軍艦を投入して、七月二十五日に、新発田領に上陸作戦を実施し、二十九日に新潟港を占領し、さらに同日、長岡城も攻撃、占領した。これで戦いは決し、同盟軍の生き残りは会津に逃走した。この結果、長岡城も城下街も殆ど焼け落ちてしまった。激しい戦闘が二ヶ月以上も続いて、死傷者数は北陸道軍が一千人以上、同盟軍が約四百人であった。河合は、戦闘中に負傷していたので、会津への逃走中に、破傷風を併発して死亡した。海軍も動員し、敵前に上陸作戦を敢行した、本格的な戦争であった。

戦後の処分は、七万四千石から二万四千石と、三分の一に減封と、既に死亡していた家老二人の家名断絶、という酷く厳しいものであった。（以上三節Ⓦ参照）

磐城平潟上陸作戦

会津藩攻撃の前に、浜通りを攻略して、奥羽列藩同盟軍を駆逐し、背後を安全にするために、新政府軍は先ず慶応四年（一八六八年）六月十三日、品川から出港した輸送艦三隻で、磐城泉の南の平潟に兵員約一千人と武器類を運び、十六日に上陸させ、二十日にはさらに兵員約六百人と武器・弾薬・食糧東等が運ばれた。追加の兵員は、陸路を笠間藩軍約二百人が二十九日に到着した。笠間藩軍は軍備が旧式なので、平潟の守備に就く事になっていた。上野戦争に勝利して、江戸がやっと安定したので、援軍の派遣が出来る様になったのである。（以上Ⓦ参照）

棚倉城占領

ここで、二十五日、東山道軍の板垣退助が、白河と磐城の中間に位置する棚倉城を攻撃し、占領した。（以上Ⓦ参照）

磐城平城戦争

この後、新政府軍は北上して、二十九日から七月十三日まで、磐城平城を三回にわたり攻撃して、落城させた。新政府軍の兵力は最初約六百人で、最後は約二千二百人に増強されたが、同盟軍の兵力は一貫して約八百四十人で、その中から七百人もの死傷者を出した。（以上Ⓦ参照）

浜通りの戦い

その後、逃走する同盟軍の残党を追撃し、七月二十二日から二十六日まで、新政府軍は広野城を三回にわたり攻撃して、これも落城させ、さらに、浪江城を、七月二十九日から八月六日まで、包囲して、二回の攻撃で落城させた。この連戦連勝の新政府軍の接近に怯えて、七月十六日、三春藩は同盟から脱退した。（以上Ⓦ参照）

二本松城戦争

また、新政府軍は、これらの城や白河での戦いに出動して、がら空きだった二本松城を奇襲して、七月二十九日、簡単に落城させた。城主はなんとか米沢に逃走したが、少年隊二十人は全員城内で戦死した。死者数等の詳細は不明である。（以上Ⓦ参照）

会津戦争

会津藩は藩主の松平容保が京都守護職を務め、新撰組などを使って、全国から集まって来た、長州藩士を含む反乱分子達を取り締まり、多勢を殺害したので、薩摩藩と反乱分子の一部だった長州藩が作った新政府から朝敵に指定されたのである。しかし、激動の幕末の約五年半もの間、藩主が藩兵ともども京都に滞在し、京都守護職を務めて、時代の巨大な荒波の到来を予感出来たにも拘わらず、会津藩は万が一の場合の対策を全く取っておらず、兵制も兵器も旧式のままであった。それで、会津若松城の攻城戦は驚くほど簡単に始まった。

会津藩は領地境の要衝に藩兵の殆どを配置しており、そこを破られたら、その後どうするかを、全く考えていなかった。重臣たちが「それで良い」と言い張ったためである。それで、慶応四年（一八六八年）八月二十一日、奥羽総督府軍約七万五千人の一部約二千二百人が、猪苗代湖の北岸を通る越後街道の熱海から北側の山道に入り、安達太良山の南西斜面の母成峠で守備をしていた、同盟軍守備隊約八百人を濃霧の中で奇襲し、これを撃破して、山道を下って、磐梯山の東側に出て、南下し、また越後街道に出て、そこから先にはもう砦はないので、道なりに約四十キロメートルを走破して、若松城下に突入すると、会津藩は驚愕して、なす術も無く、残っていた藩士と同盟軍兵士と城下の町民を籠城させた。新政府軍は実戦を重ねる中で学習し、「相手に時間を与えると危険だ」と考える様になっていたのである。（以上二節Ⓦ参照＋私見）

この新政府軍の突入の直前に、止む無く、会津藩は少年だけから成る白虎隊約三百四十人を飯盛山付近に出動させたが、津波の様な新政府軍に押しつぶされて、敗走し、街中から上がる煙を落城の煙と勘違いして、六人が自刃して果てた。城下の武家屋敷では、女性と子供は戦いの足手まといになるとして、また、新政府軍兵士に辱めを受けまいとして、自分の屋敷に火を点け、自刃する女性が相次いだ。この煙が白虎隊の判断を誤らせて、自刃の原因になったのである。

城を包囲した新政府軍は、街の東縁の東山山麓の高台「小田山」に、大小の大砲を二十台ほど引き上げて、城への砲撃を始めると、その凄まじい轟音と破壊力に、城の外にいる者までもが、震え上がった。その音と、眼に見える破壊の激しさは、日に日に籠城する者の闘争心を削ぎ、命も奪っていった。籠城した武士達も婦女隊も、密かに城外に出て遊撃戦をしたが、それも余り戦況に影響を与えなかった。しかし、両軍の死者の多くはこうした遊撃戦か大砲による城の砲撃によるものであった。婦女隊も驚くほど強かった。スケベ心で安易に婦女隊士に近づいた新政府軍の兵は、殆ど薙刀で叩き斬られた。また、国境に出ていて、城に戻れなかった藩士達も、遊撃戦を戦ったが、こちらは地理に詳しいので、新政府軍にかなりの被害を与えた。

こうして、当初、戦って死んだ者はそのまま放置された。新政府軍が埋葬を禁止したのである。こうして放置された同盟軍兵の死体は、時々、新政府軍兵士に裸にされて、ペニスを切り落とされ、それを口にくわえさせられていた。負傷して倒れた女性兵士や一般女性も裸にされて、強姦された後に、集団で埋められたり、放置されたといわれる。新政府軍の一部は狂気の集団であった。

戦闘が小康状態になると、新政府軍側の分捕り部隊や近隣農民の集団が荷車を曳いてやって来て、焼け残った屋敷の家財道具や鎧・兜・刀・槍などの武具や、お金や着物や食べ物、そして、女性まで盗んで、縛って、積んで、運んで行った。これらは集まった古物商や人買いらに売られるのである。(以上四節Ⓦ参照)

北越戦争で生き延びた、山縣有朋が率いて来た奇兵隊や人足達は、全く統制が取れておらず、ならず者集団になっており、女と金品を求めて村々を荒らし回った、といわれる。彼等は、徒党を組んで、村人や藩士の家族が潜んでいそうな山々を巡り、強盗、婦女暴行を繰り返した。集団で女性を強姦して、時にはなぶり殺しにした。家族のみている前で、娘を輪姦する事も平然と行い、家族が抵抗すると撃ち殺した。少女も老婆も見境なしに強姦して、老婆は裸にして池や川に投げ捨てた。戦後、強姦された百人以上の娘の殆どが妊娠していて、医者は可能な限り堕胎をした。また、産まれてきた赤子は、寺の脇に穴を掘って埋め、その上に小石を積んで、弔った。こうした蛮行を行った下士官の一部は、長州藩に凱旋後に、城に呼び出されて、首を刎ねられて、家に戻されたが、家族には何の説明もなかった、といわれる。長州藩にも僅かに羞恥心が残っていた、という事である。日本国内でこの様な事を行った正規軍は史上初めてである。（以上⑪参照）

同盟諸藩の降伏

そして、九月になると、米沢藩などの同盟諸藩の降伏が相次いだので、明治元年（一八六八年）九月二十二日、会津藩は新政府軍に降伏した。城に籠城した人間の数が多過ぎて、食糧も無くなり、糞尿の始末に困り果てて、降伏するしかなくなった、ともいわれる。保守的な気風の強い会津藩でありながら、二百人もの脱走者が出たという。会津に集まった同盟軍は合計約九千四百人に上ったが、この内死傷者は約八千六百人に上り、新政府軍の死傷者は約四千九百人といわれる。（以上Ⓦ参照）

榎本武揚の海軍艦隊の北上

新政府の世策に不満を持つ、旧幕府海軍副総裁の榎本武揚が、仙台藩からの応援要請に応えて、八月二十日、軍艦八隻を率いて江戸湾口に向かい、その後、北上して、仙台に向かった。この艦隊には、旧幕府の重役のほか、彰義隊の生き残り、旧幕府軍事顧問団のフランス軍人など、約二千人が乗船していた。この艦隊は、出港の翌日から悪天候に見舞われて、離散し、二隻を失いながらも、九月中頃までに、仙台東名浜沖に集結した。

その後、直ちに艦の修繕と補修を行っている内に、奥羽の戊辰戦争は終結したので、未だ戦意を失わない、旧幕府側の藩主や重役、新撰組隊員、伝習隊員などの兵を収容したが、総員が四千人を超えてしまった。仕方なく半分を抽出して、残りの半分を艦から下ろし、蝦夷地に向けて出港した。残された二千人の殆どは直ぐに逃走したが、逃げ遅れた百人以上の者が捕縛されて、浜辺で次々と首を斬られ、街に首が晒された。（以上二節Ⓦ参照）

会津藩士の地獄

戦後、会津藩の領土は政府の直轄領となり、新政府の民生局が設置された。そして、藩主の京都守護職就任以降、重税に苦しんでいた農民たちはヤーヤー一揆（農民一揆）を起こして、色々な要求を民生局に持ち込んだが、民生局はそれらを概ね叶えた。早期鎮静化を最重要と考えたのである。藩主の松平容保は死刑を免ぜられ、謹慎処分となり、養子の喜徳とともに江戸送りになった。しかし、その代わり、次席家老の菅野長修が切腹した。これは、上席家老三人の内、二人は鳥羽・伏見の戦いの責任を取って、切腹していたし、残った西郷頼母は会津戦争で行方不明になっていたからである。藩主の旅立ちを、民衆は誰も見送らなかった。幕府にだけ従順で、弱く、藩士や民衆の生活を考える事の無い、狭量な藩主であった様である。

後に、藩士達は新政府に騙されて、青森の野辺地付近から北の下北半島の山間部と三戸や五戸周辺の山間部の寒冷な不毛の荒野を与えられて、「新天地だ」と喜んで入植し、斗南藩と名乗って、必死になって生きようとしたが、最初から食べる物も無く、着る者も無く、暖房も無く、次々と餓死、凍死、病死に見舞われ、全滅の瀬戸際まで追い込まれた。これは長州藩の木戸が酷く会津藩を怖れていて、会津藩士を根こそぎ全滅させようと考えていたため、といわれる。（以上Ⓦ参照）

列藩同盟の分裂

秋田の久保田藩（秋田藩）は、隣近所のお付き合いで、当初から列藩同盟に参加していたが、白河口の戦いや磐城平城戦争の動向が思わしくないので、不安になっていたところに、奥羽鎮撫総督府の大山綱良・桂太郎らの説得もあり、七月四日に、仙台藩と盛岡藩（盛岡藩）の使者らを全員殺害し、列藩同盟を離脱し、新政府に恭順した。この藩の同盟からの離脱が周囲の藩に衝撃を与え、新庄藩、本庄藩、亀田藩、矢島藩もほどなく同盟を離脱した。（以上Ⓦ参照）

庄内藩の戦争

こうして、北隣や東隣に敵が突然出現しても、庄内藩は慌てなかった。庄内藩は、酒田の豪商本間氏の資金援助により、数年前から、スペンサー銃などの最新式の銃を大量に購入して、軍備を増強しており、それを使って藩士達に実戦に近い訓練をし、さらに、農民や町人などの領民までも動員して、民兵を組織し、これにも、新式銃などの訓練を怠らなかったのである。庄内藩の藩士兵と民兵の比率はほぼ同じで、藩は総数四千五百人の兵力を動員する事が出来た。庄内藩主酒井忠篤は江戸市中取締役を務めていたので、欧米列強との戦いに備えて、兵を養っていたと思われる。江戸藩邸には長年多くの人間を抱えていたので、京都守護職と較べれば、費用が少なくて済んだのであろう。

庄内藩は役目上、相楽総三ら赤報隊が江戸の街を荒らし回る前後に江戸の薩摩藩邸に出入りしている事を突き止め、慶応三年（一八六七年）十二月二十五日、幕府の許可を得て、松山藩、上山藩、前橋藩とともに江戸の薩摩藩邸を焼き討ちにしたが、こ

れの私的報復のために朝敵にされたのである。（以上Ⓦ参照）

清川口の戦い

奥羽鎮撫軍参謀の世良修三が暗殺される直前に、仙台を出発した、薩摩藩軍、長州藩軍、仙台藩軍、天童藩軍から成る鎮撫連合軍は、慶応四年（一八六八年）四月十四日、天童に着き、ここを本陣とし、翌日、山形藩と最上藩が合流した。しかし、新庄藩も天童藩も実戦経験は全く無いので、仕方が無く、長州藩の隊長がこれらの藩士の俄か訓練をした。だが、翌日、奥羽鎮撫連合軍と庄内軍が衝突し、庄内軍が快勝した。死傷者数などは不明である。（以上Ⓦ参照）

奥羽列藩同盟分解　新庄の戦い

五月六日、「奥羽列藩同盟」が成立すると、当初、新庄藩も参加したが、久保田藩（秋田藩）に引きずられて、約一ヶ月で同盟を離脱し、国境を接する敵になったので、七月十四日、庄内軍と松山軍が新庄藩に攻め込み、守っていた鎮撫連合軍を破って、敗走させ、城下の街三千戸を焼打ちにした。藩主ら一族は秋田藩に逃亡し、庄内藩は降伏までそのまま支配し続けた。犠牲者数は同盟軍が死者約二十人、負傷者が約三十

人で、鎮撫連合軍が死者約十人、負傷者約三十人である。（以上Ⓦ参照）

秋田戦争での庄内軍

秋田藩（久保田藩）方面の戦いでは、庄内軍は海道ルートと山道ルートに二個大隊（各千人）ずつに分かれ、北上して、九月十四日までの二ヶ月間に、計十七ヶ所で戦闘を行い、二ヶ所で敗退した他は全部勝利をおさめ、横手城、角館城をも落とし、秋田城までもう少しの所まで迫り、新政府軍もここで負ければ大変な事態になると、援軍を全国から動員して、辛うじて秋田城を守ったのである。庄内藩は驚異的な戦闘能力を示した。詳細を書いても退屈なだけだから、省略する。（以上Ⓦ参照）

大館城攻城戦

大館城の攻撃には、同盟の盛岡藩（南部藩）が活躍した。盛岡軍は八月十一日、家老の楢山佐渡に率いられて大館の近くに進駐し、十二ヶ所軍と小競り合いをしていたが、十四日、新政府側の弘前藩から鉄砲百丁、弾薬一万発の陣中見舞いが届き（戦いたくないという挨拶か?）、これに励まされて、二十二日、大館城を総攻撃して、落城させた。（以上Ⓦ参照）

きみまち坂の戦い

この後、能代方面に移動し、秋田（久保田）軍が待ち構える「きみまち坂」に向かった。二十八日、盛岡（南部）軍がきみまち坂の要害を攻撃したが、これは成功せず、撤退するしかなかった。この夜、佐賀藩の精鋭が秋田藩の援軍として到着し、二十九日は秋田軍側の総攻撃の日となった。盛岡軍は良く戦ったが、佐賀軍と秋田軍に挟み撃ちにされ、総撤退し、大館城も放棄した。そして、盛岡軍は庄内軍と共同して戦おうと、二十八日、角館方面にも攻め込んだが、庄内軍はいなかった。（以上Ⓦ参照）

岩瀬会戦

九月二日、岩瀬で両軍が激突し、激しい戦闘になったが、盛岡軍は撤退した。この戦闘では、佐賀兵も一時撤退を申し出るほどの激戦であった。盛岡軍側は、秋田軍の急追に、多大な被害を出しながら、敗走した。損害の詳細は不明である。（以上Ⓦ参照）

奥羽列藩同盟諸藩の降伏

しかし、九月中旬以降には、仙台藩、米沢藩、会津藩などが次々と新政府軍に降伏したので、九月二十三日、庄内藩も降伏し、その翌日、盛岡藩（南部藩）も降伏した。奥羽列藩同盟諸国の中で、一番最後であった。

戦後の仙台藩への処分は、六十二万石から二十八万石への半分以下への減封と、藩主の謹慎、家老二人の切腹、藩士二人の切腹と、かなり重いものであった。（以上二節Ⓦ参照）

これなら、徹底的に世良修三に女を抱かせ、酒を呑ませ、金を与えて、腑抜けにしておいた方が、損失が少なかった、という考え方もある。長州討伐の戦後処理の際には、実際に長州藩はそうして、取り壊してない城を、取り壊した事にして貰って、生き延びたのである。そして当時、そんな事は西日本では常識であった。

秋田藩内戦争での、両軍の総兵力は、鎮撫連合軍が約一万三百人、同盟軍約四千人で、損害は鎮撫連合軍の戦死者が約四百六十人、同盟軍の戦死者が三百三十人、負傷者が四百十人であった。

庄内藩の戦後処理を担当したのは薩摩藩の西郷隆盛で、彼は武器類の確認をしただけで、城や藩の管理は庄内藩に全て任せたのである。そして、また、戦後の処分も、十七万石から十二万石へと比較的軽いものだった。（以上三節Ⓦ参照）

何故、西郷は庄内藩に甘かったのか、という疑問があちこちから出ているが、答えは簡単で、「この驚異的な戦闘能力があれば欧米列強とも互角以上に戦える。これは生かして使うべきだ」と考えたからではないか、と想像する。（以上Ⓦ参照＋私見）

箱館戦争

こうして、戊辰戦争の舞台は蝦夷地に移った。当時、箱館府は弘前藩、福山藩、大野藩の藩士、計約一千人が守っていた。榎本艦隊は、明治元年（一八六八年）十月二十一日、函館の北、内浦湾に面する鷲ノ木に、約三千人を上陸させた。そして、真っ直ぐに函館へ向かう大鳥隊と、東へ大回りして川汲、湯の川から函館に入る土方隊とに分かれて、函館に向かった。

二十四日、大島隊が大野村と七重村で箱館府軍を撃破し、土方隊は川汲峠で箱館府軍を敗走させた。これを受け、新政府軍は五稜郭の放棄を決め、二十五日に、二隻の輸送船で青森へ退却した。それで、旧幕府軍は上陸後五日で、二十六日、五稜郭に無血入城し、榎本は艦隊を函館に入港させた。

その後、旧幕府軍は松前城と江差城を攻撃、占領した。しかし、この直後に、天候が急変し、軍艦開陽は座礁し、これを救出に来た神速丸も座礁し、制海権の維持が困難になった。

十二月十五日、旧幕府軍は函館政権を樹立し、総裁は入れ札によって決められ、榎本武揚が総裁になった。この旧幕府軍を組織した兵士は、彰義隊、遊撃隊、伝習隊など計十六の隊、計約二千三百三十人と海軍八百人である。

十月三十日、「旧幕府軍による函館占領の通報」が東京に届き、新政府は直ちに計一千人の兵士を海路で青森に送った。そして、十一月九日、青森口総督と参謀が着任し、十一月十九日に旧幕府軍追討令が出され、追討は雪解けを待って開始することと決まり、青森周辺に冬営した。陸軍は、明治二年（一八六九年）二月には、約八千人が青森に集結した。海軍は、アメリカの局外中立撤廃を受けて、装甲軍艦「甲鉄」を購入するとともに、諸藩から軍艦四隻を集めて艦隊を編制した。この艦隊と運搬船四隻は「甲鉄」を旗艦として、三月九日、品川沖を青森に向けて出港した。

政府軍艦隊が宮古湾に入るとの情報が入ると、旧幕府軍は三隻の軍艦に百人の陸兵を乗せて、三月二十日、宮古湾に向けて出港した。三月二十三日、暴風雨に遭遇した三艦は統率が困難になり、集結地点の山田湾には二隻しか集合しなかった。しかも一隻はエンジン・トラブルに見舞われていた。仕方なく、一隻で軍艦「甲鉄」を襲撃したが、小さい不都合が色々発生し、軍艦「甲鉄」の奪取は失敗に終わり、十九人が戦死した。おまけに、エンジン・トラブルの一隻も新政府軍の「春日」に追撃され、盛岡藩の海岸に座礁させて逃れ、盛岡藩に投降した。先の江差での二隻の座礁に続く、作戦失敗と座礁に行方不明と、旧幕府軍は全く運が無かった。

陸海軍参謀の山田顕義が率いる、新政府軍一千五百人が、四月六日に青森を出港し、四月九日早朝に、江刺の少し北の乙部に上陸した。旧幕府軍は上陸を阻止すべく、江刺から一連隊百五十人を派遣したが、既に密かに上陸していた松前軍によって、撃退された。陸兵が小競り合いを続けている間に、新政府軍の五隻の軍艦は江差を砲撃して、旧幕府軍の旧式の砲兵隊を撤退させた。新政府軍が江差を奪還すると、四月十二日には、陸軍参謀の黒田清隆率いる二千八百人が、四月十六日にも増援が江刺に上陸し、四つのルートから函館に進撃を開始した。

新政府軍と旧幕府軍は五月十一日と十七日の松前の戦い、四月十二日と二十日の木古内の戦い、四月二十九日の矢不来の戦い、四月十三日、十四日、二十二日、二十三日、二十四日の二股口の戦いと激戦を繰り返すが、海上からの軍艦の砲撃の援護もあり、旧幕府軍の損害が非常に大きく、新政府軍が旧幕府軍を函館に向けて追い立てる形は変わらず、遂に、五月十一日、函館総攻撃の日になる。旧幕府軍は、死ぬまで戦い続ける積りで、戦い続け、元新撰組の土方歳三もこの戦闘で死亡した。五月十一日の海戦では、旧幕府軍に一隻残っていた戦艦蟠竜が新政府軍の朝陽を撃沈し、旧幕府軍を大いに元気づけたが、間もなく砲弾を撃ち尽くし、座礁させて、乗組員は逃走した。

そして、五月十六日、榎本総裁は新政府軍に一時の休戦を申し入れ、これを認められたので、自軍に休戦を命じた。その後、自刃して責任を取ろうとしたが、部下に止められ、自刃出来なかった。翌朝、旧幕府軍の幹部は新政府軍に無条件降伏をした。そして、十七日昼、五稜郭を開城、郭内にいた約一千人が投降し、その日の内に武装解除が完了した。

降伏した旧幕府軍の将兵は、弘前藩ほかに預けられ、殆どが翌年には釈放された。幹部七人は、東京辰の口の軍務官糾問所の牢獄に投獄されたが、明治五年には釈放された。これで、「鳥羽・伏見の戦い」から始まった「戊辰戦争」は、約一年半を費やして、函館で終了した。

新政府軍の兵力は、最終的に、約九千五百人、軍艦六隻で、旧幕府軍の兵力は約三千五百人、軍艦五隻であった。新政府軍の損害は、戦死者が三百人、軍艦一隻沈没であり、旧幕府軍の損害は、戦死者が約一千人、沈没一隻、座礁三隻、拿捕一隻であった。(以上十節Ⓦ参照)

こうして、戊辰戦争は新政府軍の圧倒的勝利で終わった。

しかし、多くの人々が理不尽にも踏みにじられ、殺戮された中で、生き残った奥羽越列藩同盟諸藩の武士達の心に、新政府に対する強い憎悪と怨念が生まれた。

＊＊＊＊＊＊＊＊＊＊＊＊＊＊＊

靖国神社

戊辰戦争で大量の戦死者が出ていたので、明治二年(一八六九年)六月、新政府軍の戦没者を慰霊するための神社「招魂社」、後の「靖国神社」が創設された。そして、三千五百八十八柱を祀った。(以上⑬Ⓦ参照)

廃仏毀釈

戊辰戦争の傍ら、新政府は、旧水戸藩の「廃仏毀釈運動」を受けて、明治元年（一八六八年）に出した太政官布告「神仏分離令」や、明治三年（一八七〇年）に出した「大教宣布」など、一連の通達に基づき、それまで伝統的に行われてきた神仏習合（神仏混淆）を禁止し、神道と仏教を分離して、神道を国教化する事を目指したが、予想通り、全国の仏教寺院の多くを破壊し、僧侶を大量に失業させた。これにより、歴史的・文化的に価値のある多くの文物が失われ、国内に多大な混乱を引き起こし、同時に、新政府への強い反感を育んだ。さらに、これはキリスト教禁止令も含んでいたために、欧米列強からの反発が強く、明治六年（一八七三年）にキリスト教禁止令が廃止され、明治十年（一八七七年）、この政策を統括していた「大教院」と「教部省」が閉鎖・廃止された。新政府の発足早々、大失敗した政策であった。（以上⑬Ⓦ参照）

版籍奉還　廃藩置県

明治二～四年（一八六九～一八七一年）、政府は国を運営する資金を入手するために、版籍奉還と廃藩置県を実施し、大名を廃止して、大名は華族となって、東京に集められ、元の藩の石高の一割を給付される事となり、全国の土地と人民を政府の直轄とした。この政策は天下に大乱を生むのではないかと新政府の幹部もはらはらしたが、実は、殆どの藩が巨額の借金を抱えていたために、却って感謝され、この政策は円滑に実行された。なお、「版籍奉還」とは所有していた領地と領民を天皇に返す事であり、「廃藩置県」とは藩を廃して、そこに県を置くことである。この政策は、長州藩・薩摩藩などから兵を供出させ、天皇直属の近衛兵約一万人を編制しながら実施されたため、これが威圧になって、抵抗を抑えられた、ともいわれる。この「廃藩置県」には続きがあった。藩の規模は大小様々だったので、これを整理・統合して、同じくらいの規模にする必要があった。この作業に時間がかかり、廃藩置県の完成は明治十五年（一八八二年）にまで延びた。（以上⑬Ⓦ参照）

地租改正

そして、明治五年（一八七二年）には、田畑の売買禁止等の封建的な土地制度が廃止され、さらに明治六年（一八七三年）には地租改正が行われて、田畑の売買が許され、土地には課税される事になった。これはこれまでの年貢制度を廃止し、農民に土地の所有権を認めるとともに、地価の三パーセントを税金として納めさせる、という

税制の大改革であった。また、明治四年（一八七一年）八月に、散髪脱刀令が発布され、髷と帯刀が禁止された。（以上Ⓦ参照）

士族の失業対策

これらの大規模な制度改革により、士族（武士階級）には収入の途が全く無くなった。財政的基盤を失った旧藩では、士族を養いかねて、農工商の職業に就くことを奨励した。また、士族結社などによる原野の開拓もあちこちで行われた。静岡県の旧幕臣による牧之原開墾や山形県の旧庄内藩士による松ヶ丘開墾や福島県士族による安積郡桑野村の開墾などがその代表的な例である。政府も、明治六年から、家禄奉還を願い出た士族には就産資金や公債を保証したり、荒蕪地や山林等を格安で払い下げるなどの制度を設けて、士族の救済を図った。しかし、全く経験の無い職業に就いても、旨くやれる士族は少なく、多くの士族は脱落していった。しかも、この制度は西郷隆盛達留守政府が始めたものであったため、岩倉使節団が帰国すると、西郷らを政府から排除した後、僅か二年で廃止されてしまったのである。（以上Ⓦ引用）

そして、新政府側・親徳川側を問わず、約百九十四万人の士族とその家族の多くが、貧窮の中で苦しみ、新政府への恨みと憎悪の言葉を子供や孫達の心に吹き込んで、死んでいった。しかし、二百六十年以上も徳川に恨みを抱き続けてきた筈の長州藩と薩摩藩の元老達は慢心から、その恨みのエネルギーを完全に無視したのである。

岩倉使節団

明治四年（一八七一年）十一月から六年（一八七三年）九月の間に、新政府のトップ岩倉具視、木戸孝允、大久保利通、伊藤博文、山口尚芳を含む総勢百七人の岩倉使節団が欧米に派遣され、欧米の経済・政治の状況を視察した。この使節団は使節四十六人、随員十八人、留学生四十三人から成る大規模なもので、留学生の行き先はイギリスとアメリカが多かった。留守政府は太政大臣三条実美、西郷隆盛、井上馨、大隈重信、板垣退助、江藤新平、大木喬任らから構成された。期間は当初十ヶ月半であった。使節団のトップ五人と留守政府トップ七人は、使節団が帰国するまでは、「新しい国事案件を決定しない」という約束を結んで、出発した。彼らは、国内の重要な問題は全て解決済み、という考えなのであった。発足したばかりの新政府に重要な懸案事項が何も無い、という感じ方は国のリーダーには全くふさわしく無いといわざるを得ない。

明治四年（一八七一年）十一月十二日に蒸気船「アメリカ号」で横浜を出発し、一路サンフランシスコに向かい、その後、アメリカ大陸を横断し、ワシントンDCを訪問したが、アメリカには約八ヶ月もの長期滞在となる。その後、大西洋を渡り、イギリスのリバプールに上陸し、その後、ロシアを含めて、ヨーロッパの十一ヶ国を歴訪した。帰路は、地中海からスエズ運河（一八六九年開通）を通過し、紅海を経て、セイロン、シンガポール、サイゴン、香港、上海を視察して、明治六年（一八七三年）九月十三日に、横浜に帰着した。（以上Ⓦ参照）

帰国は予定より一年も遅れ、出発から一年十ヶ月後であった。国が出来たばかりなのに、そんな事のために一年十ヶ月も国を留守にするなんて、とても正常とは思えない人達である。そんな事は下の人間に任せておけば、西郷を死なせる必要は無かったのである。

一国の政府トップがこぞって国を離れ、長期間外遊するというのは極めて異例な事で、そのために様々な政治的問題が発生した。一つは使節団が権限を超えて不平等条約の改正をしようとして、留守政府と摩擦を起こし、条約改正にも失敗した事であり、その他、外遊期間の大幅な延長などの問題を引き起こし、当時「条約は結び損な

い金は捨て　世間へ大使何と岩倉（世間に対し何と言い訳？）」と狂歌に歌われもした。

条約改正に失敗したのは、そもそも思いつきだったので、第一にそれを天皇が使節に委任した事を書いた正式な天皇の委任状を持参しなかった事が理由であった。大久保と伊藤がその委任状を作って貰いにワシントンから日本に戻り、またワシントンに戻る間に、半年も月日が経ったのである。しかも、日本に戻ると、西郷ら留守政府が「我々には新しい事は決めるな、と言っておきながら、あんた達は勝手に新しい事を決めるのか？」と激しい言い争いになって、禍根を残してしまったのである。そして、委任状がアメリカに届くと、アメリカ側から「国内法が整っていない国とは平等な条約は結べない」という第二の理由が出てきて、交渉は終わったのである。日本に戻る前に、「委任状があれば交渉に応じてくれるのか？」と訊けば、そんな無駄な事をする必要がなかったのである。使節団の大失敗であった。しかも、これが西郷と大久保の決別と西南戦争への分岐点になった。大久保の慢心が引き起こした騒動である。（以上三節Ⓦ参照＋私見）

学制制定

まだ、岩倉使節団が視察途上の、明治五年（一八七二年）、留守政府は、欧米列強に倣い、学制を定め、全国を八つの学区に分け、それぞれ大学校、中学校、小学校の数を制定した。そして、学校の施設が出来た順に、教職員を雇って、生徒を募集し、教育を開始した。

こうした、政府の動きに先行して、明治元年（一八六八年）に慶応義塾が、明治八年（一八七五年）に同志社英学校が設立され、それにやや遅れて、明治十年（一八七七年）に東京大学が設立された。（以上二節Ⓦ参照）

洗脳教育

問題なのは、これらの学校では「江戸時代には封建制の圧政により、庶民が抑圧されてきた」と全くの嘘を教えて、江戸時代までを全否定した事であった。しかし、江戸時代の日本は、二百六十年もの間、世界最高の識字率を誇っていた。幕末、日本にやって来た欧米人が「一般の町人が本を立ち読みしている。こんな国はとても植民化出来ない」と驚いたくらいだった。また、数学も科学も工学も欧米列強と遜色ない、高いレベルまで到達していた。事実、江戸時代前期の関孝和は筆算による代数の計算法を「発微算法」として世界で初めて発表し、更に行列式の概念を初めて発表し、さらに十三万一千七十二角形に対する近似円周率を小数点第十一位まで算出して発表した。江戸時代後期の伊能忠敬はこの数学を使い、日本全国の測量を行って、地球の曲率まで考慮した、かなり正確な地図を作製したし、佐賀藩、薩摩藩は、大砲を見て、触れただけで、自前で、それ以上の高性能の大砲を作る事が出来たし、宇和島藩、佐賀藩、薩摩藩は、同じ様にして、三年ほどで、黒船を作ってしまったほどである。宇和島藩は、何をとち狂ったのか大砲を提灯屋に発注したのに、やはり三年ほどで黒船が完成してしまったのだから驚きである。また、日本の政府は少なくとも平安時代の昔から、農民がどんな災害に遭っても飢えて死なない様にと、金銭ではなく米で納税させて、それを地元の神社に備蓄して、非常時に備えてきた。明治政府はそうやって長い年月をかけて培ってきた、文化と伝統を、全部無かった事にしたのである。これが日本で最初の「洗脳教育」である。（以上Ⓦ参照）

これは、恐らく、アメリカのリンカーン大統領が南北戦争（一八六一～一八六五年）の後に南軍側人民に対して実施した洗脳教育を真似て、実施したものと思われる。岩倉使節団のアメリカ土産であろう。

そして、明治維新を成し遂げた後、近代化と称して、西洋の文明を真似る事に懸命になった。西洋文明を学び、経済的にも、軍事的にも発展していく事が、日本の独立を守ることだ、と信じたのである。西洋の様な近代産業国家になれなければ、日本も他のアジア諸民族と同じく、欧米列強の植民地になってしまう、という危機感がそこにはあった。しかし、それは維新政府のトップが殆ど無学な足軽だけになっていたためであった。武士階級の人間は戊辰戦争と西南戦争の二つの戦争を経て、殆ど消えてしまったのである。その結果、文化の激しい断絶が起こり、親が教える価値観や伝統や文化を受け継がないことがエリートの条件になってしまった。

同時に、学校教育の役割が徳川時代とは全く変わってしまった。徳川時代は、親達から歴史・伝統・文化・慣習を教わり、藩校・寺子屋はこれの補助的な役割を果たした。しかし、明治の学校教育は、日本ではなく、西洋の歴史・伝統・文化・慣習を教える所になった。それまで学んでいた儒教などに代わって、英語や近代技術を習得することが優先される様になったのだ。家では相変わらず日本の歴史・伝統・文化・慣習が教えられていたものの、エリート達はもはやそれを受け継ごうとはしなくなった。つまり、明治以降、家と学校とは対立する存在となってしまった。

そして、若いエリート達の心の中でも日本と西洋とが対立していた。過去の日本は素晴らしいが、それに拘って欧米の文化を学ぶことを忘れたら、日本はたちまちのうちに欧米の属国になってしまう。だから、日本を守るために、過去と断絶しなければならない。学生達はそう信じていた。これほどにも、辛い立ち位置を強いられたのが、明治・大正の若者達だったのである。

このために、多くの有能な若者達が苦しみ、心を病んで、廃人になったり、死んで行った。そして、この苦しみを乗り越えた学生達には、「国を守るため」という大義名分が必要だった。その大義名分で、自分達が過去の日本と親達や先祖から分断されて行く苦しみを癒していた。その一方で、「我々の苦しみは所詮、一般庶民には分からない」という思いもあり、この思いがやがて、「我々はあなた方の様に悠長にはやっていられない。それでは国が滅びてしまう。あなた方は我々エリートのやる事に従えばいいのだ」という官僚優位、庶民蔑視に変化していくのである。この思いは軍人の道に進んだ若者達にも共通していて、昭和の高級将校達の思い上がりと西洋の思想の盲信に繋がっていく。（以上四節③参照）

そして、この事こそが、昭和の日本軍が兵士を大事にしない、一因にもなったのである。

それで、若いエリート達は自然に「老人達から学ぶ事は何も無い」と思う様になっていくのである。これが世界を驚かせた日露戦争を昭和の陸・海軍のエリート達が真面目に勉強しなかった、一因であろう。

明治維新直後に始まった、こうした強引な洗脳教育は、八十年後のアメリカによる洗脳と似て、嫌日分子を大量生産して、親や親族・縁族や庶民を見下し、自分達を国の未来を託されたエリートだと自惚れる、高級官僚予備軍を生み出してしまった。この高級官僚予備軍は人生経験が不足しているのに、自惚れが強過ぎたために、当時流行した社会主義を日本で実現しようと画策しながら、兵士を消耗品の様に消費して、日本を亡国へと導いていくのである。これは、洗脳されて、母国を侮蔑する様になった若者達が、無意識に必ず通る途だといわれる。自分の家族と祖先を侮蔑して、自分の生きる基盤を失った人間が、無意識に、自分自身と家族の人生を破壊する事と、同じ様な現象、いわゆる「自己破壊衝動」ないし「自虐衝動」である。しかし、それが起きるのは半世紀も後の事である。

ちなみに、この学校教育の中で、「天皇の祖先は天照大神である」事も教えられたが、強い欧化教育の流れの中で、その教えは少し控えめであったと思われる。国家神道の教育が強化されるのは昭和十年頃の天皇機関説事件からであろう。

ちなみに、昭和の海軍の最後のトップになる米内光政と永野修身は明治十三年（一八八〇年）生まれであり、及川古志郎と吉田善吾は明治十六年と十八年生まれであり、山本五十六と井上成美は明治十七年と二十二年生まれであった。昭和の陸軍の最後のトップになる杉山元は明治十三年生まれ、前陸軍大臣寺内寿一は明治十二年生まれ、永田鉄山と東條英機は明治十七年生まれで、梅津美治郎と阿南惟幾は明治十五年と二十年生まれであった。また、山下奉文と今村均は明治十八年と十九年生まれであった。さらに、敗戦後の政治家、吉田茂は明治十一年生まれで、鳩山一郎は明治十六年生まれ、岸信介は明治二十九年生まれであった。（以上Ⓦ参照）

皆、右記の洗脳教育を受けて育ったのである。

欧化政策

学制の決定と同時に、以下の様な欧化政策がなされた。

身分制度も華族・士族・平民に改められた。しかし、士族に江戸時代の様な特権は無く、名乗る事が許されただけである。

また、明治四年（一八七一年）八月に、散髪脱刀令が発布され、髷と帯刀が禁止された。

また、海軍省と陸軍省が創設され、男子に兵役の義務が課せられた（徴兵制）。

また、陰暦を廃し、太陽暦が採用された。

また、明治三～五年（一八七〇～一八七二年）に、新橋―横浜間に鉄道が敷設され、開通した（延長二十九キロメートル）。

また、明治五年（一八七二年）に、富岡製糸場が操業を開始した。政府はこのほかにも様々な工場を建設し、全国各地で鉱山を開発した。

また、明治五～十二年（一八七二～一八七九年）に、国立銀行条例が発布され、この間に一五三の民間銀行が作られた。（以上八節⑬参照）

明治六年の政変

明治六年（一八七三年）十月、征韓論をめぐる攻防の結果、西郷、江藤、板垣、後藤らが政府から去った。彼等とともに、彼等を慕う有能な人材も大勢政府を去った。（以上⑬参照）

征韓論

李氏朝鮮では、日本人は犬畜生にも劣ると見做されていたため、在朝鮮の日本人達の生命・財産が絶えず危険に晒されていた。これは「支那の大帝国の輝かしい文化に浴している国が格上だ」という事大主義の考え方による。武力を使っても、この状態を早急に改善しようとする西郷達と、「朝鮮・清国との戦争になる可能性があるので未だ時期尚早」と考える大久保・木戸達との対立であった。西郷は新政府の政策の下で、見捨てられ、絶望する士族達に生きがいを与えたいと願ったのであろうが、伊藤博文、山縣有朋、井上馨ら、足軽出身の新政府要人達は、上級～中級武士達に強い反感を抱いていたので、これに断固反対したのである。彼等にとって、上級～中級武士達は慣例を守る事が一番大事で、愚にもつかない議論を延々とやるばかりで、戦争になっても身内に対する挨拶が一番大事、そして戦争中も世話ばかりかけて、行動が遅い、役立たずの存在なのである。（以上⑬参照）　しかし、庄内藩では武士も強力な近代的な軍隊に変わったのである。

愛国公党の設立

明治七年（一八七四年）一月、板垣退助、後藤象二郎、江藤新平らが「愛国公党」を設立して、国会の開設を要求した。これが自由民権運動の先駆けになったが、この運動は政府により弾圧された。（以上⑬参照）

＊＊＊＊＊＊＊＊＊＊＊＊＊＊＊＊＊

台湾に出兵

明治七年（一八七四年）五～十二月、台湾に出兵、制圧し、清国に台湾が日本領である事を承認させた。明治四年（一八七一年）十月に台湾に漂着した、宮古島島民五十四人が台湾の原住民によって虐殺された事件の報復である。台湾に全く興味の無かった清国は、そこは我が国の領土ではない、と無関心であった。（以上⑬参照）

ロシアと樺太・千島交換条約

この条約は明治八年（一八七五年）五月に締結された。それまで樺太は「日露両国民の雑居の地」になっていたが、近年ロシアが積極的に樺太経営に乗り出してきており、これに対抗するのは難しい状況になってきているので、日本とロシアは樺太と千島列島全部とを交換することにしたのである。（以上⑬参照）

江華島事件

明治八年（一八七五年）九月、日本が派遣した軍艦「雲揚」が、朝鮮半島西岸中央の江華島付近で海洋の測量を実施中に、突然砲撃されたので、「雲揚」はこの砲台を破壊し、江華島を占領した（江華島事件）。日本はこれを利用して、李氏朝鮮に開国を要求し、日朝修好条規（不平等条約）を締結させ、在住日本人の生命・財産を保護出来る様になった。それまでは、朝鮮では、支那の輝く文明に浴していない日本は犬畜生にも劣る存在だと見做され、日本人を動物と同じ扱いをしていたのである（以上Ⓦ参照）。ただし、この事件は在朝鮮日本人の安全を守るために、海軍が勝手に挑発をして、戦闘に持ち込んだ、可能性もある。

西郷達の「征韓論」と同様の事を実施した

西郷達の「征韓論」には断固反対したのに、彼らが政府から去ったら、簡単に朝鮮に軍艦を派遣し、簡単に戦争をやり、簡単に条約を結んで、日本人を守る体制を整えた、というのは「西郷達の主張を聞きたくなかった」だけだった事を示唆している。西郷は賄賂を貰って私財を蓄える事にだけ熱心な長州藩の英雄達を酷く嫌っていたので、岩倉使節団の長州藩メンバーにそそのかされて、大久保は西郷と敵対してしまった、といわれる。そうであれば、情けない事である。あの騒動は大久保達、使節団側のメンツを守っただけではなく、長州藩の英雄達にとって目障りな西郷を新政府から追い出す事に成功したのである。しかし、このつまらない争いが、「西南戦争」に繋がり、西郷を本当の死に追い込む。

＊＊＊＊＊＊＊＊＊＊＊＊＊＊＊

武士達の絶望　西南戦争

明治九年（一八七六年）から、九州とその周辺各地で数百人規模の不平士族の反乱が続いていた。彼等は維新を成し遂げたが、廃藩置県などの制度改革で収入の途を断たれ、名誉も断たれて、絶望していた。しかし、伊藤博文、山縣有朋、井上馨ら、足軽出身の新政府要人は、自分達の上位に立つ、上級～中級武士階級を残そうとは考えなかった。

明治十年（一八七七年）二～九月、西郷隆盛を総大将とする士族の大規模な反乱（総勢三万人）が九州の南・中部で起こり、反乱軍の士族達は奮戦したが、反乱軍は敗れ、西郷は自決した。西郷は未来の無い士族達に死に場所を与えてやりたかったのだ、と言われる。

これは政府軍七万人と反乱軍三万人の本格的な戦争で、陸軍の徴兵された一般兵士達は、反乱軍の旧武士達が銃剣ではなく白刃を振るって突撃して来る光景に激しく恐怖して、戦意を失う者が多く、戦線が膠着してしまった。そこで、陸軍は後方支援を担当していた警察局部隊から士族の子弟で剣術に長けた者（最終的に約百人）を選抜して、抜刀隊という突撃隊を編制し、前線に送り込んだ。この抜刀隊は主に薩摩藩の下級武士の出身なので、この戦いは積年の恨みを晴らす戦いでもあった。彼らは反乱軍の日本一勇猛な旧薩摩藩士と対等に渡り合ったので、戦いは凄惨な殺し合いとなり、両軍に約六千六百人前後の戦死者が出たが、新政府軍は辛うじてこの激戦を制した。

なお、この抜刀隊には一部に旧会津藩士の子息も混じっていたが、彼らは「これでやっと父母や祖父母や親類縁者の敵が討てる」と喜んでこれに応じ、戦地でも皆勇ましく戦った。

この勝利は、これだけでは無く、通信用の電線を、東京から東海道、山陽道を経て、佐賀県あたりまで、猛スピードで敷設して（電柱は街路樹で代用した）、状況把握を容易にした事と、軍艦を南回りで鹿児島に送って、西郷軍の本拠地や幹部の屋敷を砲撃し、威圧した事が勝因であろう。
これを見て、不平士族の反乱は終息した。（以上六節Ⓦ参照＋私見）
ここが「**明治維新の終わり**」といわれる。

西南戦争の最中に、西郷を心配しながら、木戸孝允は病死した。

この翌年、大久保利通は路上で暗殺された。

これで新政府要人から上級～中級武士がいなくなり、旧薩摩藩の力も弱くなった。

そして、この戦争から海軍と陸軍が激しく対立する様になった、と思われる。西郷が死んで最も得をしたのが長州閥なので、薩摩閥主導の海軍が長州閥主導の陸軍を憎む様になったのであろう。

この後、軍は、この戦争で発生した大量の欠員を補うために、旧奥羽越列藩からも差別無く徴兵を行う様になった。（以上五節Ⓦ参照）

二、明治憲法と日清・日露戦争

旧奥羽越諸藩の士族出身の若者達は次々と陸軍・海軍に志願していき、真面目に勉強し、訓練に励んだが、自分達の親族・縁族の敵「薩長」を憎む思いは益々大きくなっていった。そして、「自分達が軍を思いのままに動かせる地位にまで昇進すれば、国は我々のものだ。その時こそ、薩長の奴らに復讐をしてやる」と考え、その思いを隠して、皆必死に頑張った。

筆記試験の成績が優先

ここで、彼らの最も助けになったのは、伊藤博文、山縣有朋、井上馨ら、足軽出身の新政府要人が、農民や町人からの軍人の登用を筆記試験のみにより選抜する事にした事である。伊藤等の経験から、野外での集団での遊びが苦手な者などいる筈が無いので、学習意欲が高い者を選択する事にしたのである。しかも、この試験にはそれほど高い教養を必要としないので、貧しい家の子供でも合格出来た。極端な話、暗記力だけでも合格出来たのである。勿論、入隊の後でも軍事調練が全く身に付かない者は、適性が無いとして、除隊処分になったが、一応皆についていければ、士官学校や大学校などの最終筆記試験の成績が、昇進の決定に最も重視された。これは、階級が上がっていっても、同じであった。このために、実戦で部隊を指揮出来ない小心者が、筆記試験の成績で自動的に昇進していくなど、後世深刻な問題が起こる様になるが、取り敢えず、旧奥羽越列藩出身の貧しい旧武士の家の子弟には好都合であった。

（以上⑩参照）

憲法草案作成

明治九年（一八七六年）九月、明治天皇は元老院議長に、「各国の憲法を研究して、日本の憲法を起草する」ように命じ、政府は伊藤博文に憲法草案の作成を任せた。伊藤は総理大臣の職を放り出して、この仕事に熱中したといわれる。ここで、伊藤達はヨーロッパ各国の憲法を研究すると共に、聖徳太子の十七条憲法以来の日本の政治思想について深く研究し、立憲君主制と議会制民主主義を謳った、欧米列強諸国の憲法学者も驚き心配するほどの、民主的な憲法草案を作成した。なお、明治憲法の土台はベルギー憲法であり、この国は憲法と王を頂く国家で、その憲法はイギリス憲法をはじめて成分化したフランス憲法を参考にして作られ、現在まで続いている。プロシア憲法もこのベルギー憲法を見本にして作られているので、これが明治憲法の見本と誤解されてきた。（以上⑬⑱参照）

そして、この時には、西郷も大久保も木戸もこの世には居なかった。

明治十四年（一八八一年）十月、「明治二十三年に国会を開設する」との勅諭が出され、これによりいくつもの政党が生まれる事になった。

明治二十二年（一八八九年）二月、大日本帝国憲法が公布された。

日本は維新後約二十年をかけて、法整備の面で欧米列強に追いついた。（以上四節⑬参照）

大日本帝国憲法の欠陥

この憲法の下では、天皇は専制君主ではなく、憲法の規定に従う事になっていた。

そして、この憲法の基本原則は、「統治権は天皇が総覧するが、実際の政治は政府が行う」という事であった。それで、明治天皇は憲法制定以降は、基本的に「君臨すれども親裁せず」という政治姿勢を取った。つまり、明治天皇は立憲君主であって、専制君主では無かったのである。だから、明治天皇は御前会議の場でも、基本的に閣僚達の意見を聞いているだけで、自らの意見を余り口にすることは無かった。そして、内閣の決めた事には余り異議を挟まなかった。それは維新を成功させた経験豊富な元老達が、一致協力して天皇を支えたからであり、そうして、どんな事態が起こっても、天皇に責任を負わせない様にしたのである。(以上⑬参照)

しかし、明治憲法には重大な欠陥があった。陸軍、海軍、議会(衆議院、貴族院)、大審院(裁判所)、枢密院(顧問機関)の長と各国務大臣が全て天皇直属になっていて、天皇以外の誰にも権力が集中しない様になっていたのである。しかも、内閣と内閣総理大臣については何の規定もなく、内閣総理大臣は単に国務大臣のリーダーとして、最初に天皇から組閣を命じられる者にすぎなく、総理大臣には各国務大臣の任命権も罷免権もなかった。さらに、連合艦隊司令長官や方面軍司令官、師団長などの親任官や親補職も天皇に直属していた。これは江戸幕府の様に、天皇と国民の間に、別の強い権力が介在する事が無いように、工夫したものだった。維新の元勲達は旧徳川閥の巻き返しを強く警戒して、この憲法を作成したのである。それに、衆議院の多数党の党首にどんな人間が就くか全く分からないので、用心した面もあった。(以上⑲⑳等参照+私見)

　だが、全ての政府機関が天皇に直属すると、天皇の仕事が過重になり、また「親裁する」事になるので、維新の元勲達が天皇の直下に介在して、超法規的に各機関を指導して、天皇の代わりに調整した。最初から、憲法に大きな欠陥がある事を、元勲達も認識していたのであるが、彼らは「陸・海軍の武力がその欠陥を埋め合わせてくれるだろう」と高を括ったのである。憲法制定の時点では、維新が成功し、戊辰戦争も西南戦争も乗り切ったばかりなので、維新の元勲達は、陸・海軍が圧倒的に多数派の旧親徳川閥に支配される可能性を全く考慮しなかった。彼らの思考力の範囲では、そんな事はある筈が無かったのである。しかし、それが現実に起こった場合には、国体の大変革も可能であった。愚かな慢心であった。

　つまり、その経験豊富な元老達がいなくなったら、誰が多数の政府機関の間の調整をするのか、決めていなかった。であれば、天皇が調整役をするしかないのだが、それでは「親裁」する事になってしまうし、仕事量が過大になる。それならば、各政府機関と天皇との間に天皇の補助をする「枢密院」の様な新たな機関を介在させれば良いだろうが、そんな機関を一番早く発足した陸・海軍が受け付ける訳も無かった。木戸がいればそれがどんなに重要な欠陥か教えてくれたろうし、西郷がいれば反対する者を殺してでも、調整機関を作ったであろうが、もう彼等はいなかった。

いつまでも押し問答をしていられないので、そのまま発布したのだろうが、その明治憲法の最後には、「天皇のみが改正の発議が出来て、これを議会が議決する」と書いてあるだけであった。「そんな発議をして下さい」とお願いするのは、明治天皇に対して余りにも不敬であるし、自分達の能力不足をさらけ出す事になるので、そんな事が出来る人はいない。旧親徳川閥の巻き返しを最も強く警戒して、この憲法を事実上修正出来ない様にしたのである。そんなこんなで、どたばたして、憲法の重大な欠陥がそのまま放置されて、昭和の日本を破滅に追い込むのである。しかし、また、激しい内戦の中に戻るかも知れないと思うと、そんな荒仕事を敢えてしようとする者はいなかった。（以上三節⑲等参照＋私見）

しかし、この統治システムは、日本を自分達の思うままに国を動かそうと密かに努力してきた、陸海軍の高級将校達が後に好き勝手な方向に暴走していく事を可能にする、重大な欠陥を孕んでいた。旧親徳川閥の人間の方が圧倒的に人口が多いのだから、自分達がやった事を直視すれば、その様な最悪の事態は容易に予測出来るのに、何も手を打たなかったのは、明らかな怠慢であり、また慢心である。「驚くほど民主的」なだけではなくて、この国を百年以上も安定させる国家の仕組みを考えて、憲法を作るべきであった。元老達の慢心である。

この時点で、維新の元老達は陸・海軍が旧敵側に乗っ取られることを予想して、自分達が今現在採っている組織をモデルにして、陸・海軍のみならず全ての政府組織を強い権限を持つ小規模で強力な「元老会議」の指揮下につけて、これを憲法に明文化し、陸・海軍が勝手に暴走出来ない様にして、中長期的には国の経営が旧敵方に渡っても良い、と覚悟すれば良かったのである。勿論、全ての軍人を陸・海軍大臣と陸・海軍の統帥部の指揮下に置く。なお、「元老会議」のメンバーには現役とOBの総理大臣と陸・海軍の大臣OBと内務大臣・大蔵大臣OB等から少人数を選出して、議長は前「元老会議」議員が選定する。こうすれば、陸・海軍の反対を押さえ込む事もやや容易になったであろう。西郷隆盛が生きていれば、反対する者を殺してでもそれをやり遂げたであろう。しかし、こんな事を決める胆力もないなら、最初から田舎に引っ込んで居れば良かったのである。伊藤博文達のやったことは、自分達の利益追求が最優先で、憲法など重要な問題には中途半端であった。

第一回衆議院議員総選挙

明治二十三年（一八九〇年）七月、第一回衆議院議員総選挙が行われた。この時、満二十五歳以上の男性で、直接国税を十五円以上納めている者に限り、選挙権が与えられたが、これは国民の一パーセントに過ぎなかった。衆議院の開設と同時に、元老院が廃止された。しかし、維新の元勳達が明治天皇を支えて、超法規的に調整役を果たしていた。（以上⑬参照）

領事裁判権の撤廃

明治二十七年（一八九四年）、政府は欧米諸国との二十年以上の交渉の後に、江戸幕府が締結した「不平等条約」の内、「領事裁判権の撤廃」にやっと成功した。しかし、「関税自主権が無い」状態は未だ続いた。不平等条約の改正のため、井上馨外務卿は「鹿鳴館外交」を展開したが、国際的に恥を晒しただけに終わった。（以上⑬参照）

＊＊＊＊＊＊＊＊＊＊＊＊＊＊＊

壬午事変

明治十五年（一八八二年）七月、李氏朝鮮で、改革に反対する保守派が大規模な暴動を起こし、日本公館を襲って、日本人軍事顧問や公館員を殺害した。

日本は報復のため兵を派遣したが、清国も宗主国として派兵した。反乱軍を鎮圧した清軍と日本軍は、そのまま居座り、両軍の間に軍事的緊張が続いた。

江戸時代末期から西欧列強に出遅れていた、ロシアがシベリアから南下政策をとり、満州から朝鮮、そして日本を狙っていたため、日本は自国の防波堤として、朝鮮の近代化を望んだ。「朝鮮が日本の様に富国強兵に成功すれば、ロシアの南下を防ぐ事が出来る」これが日本が李氏朝鮮を開国させた一番の理由だった。しかし、現実の李氏朝鮮は清国の属国であり、国家の体を成しておらず、近代化には程遠い存在であった。（以上三節⑬参照）

天津条約

明治十八年（一八八五年）四月、両国が朝鮮から兵を引き上げる事と、将来朝鮮に出兵する場合には、相互通知を約束する条約が締結され、両軍は撤兵した。（以上⑬参照）

東学党の乱

明治二十七年（一八九四年）一月〜三月、朝鮮で大規模な農民反乱「東学党の乱」

が起き、朝鮮政府の要請で清国が軍を送り、日本も天津条約に従い派兵した。（以上⑬参照）

日清戦争

明治二十七年（一八九四年）七月～二十八年（一八九五年）四月、「日清戦争」が起こった。

東学党の乱が鎮圧された後、両軍とも撤兵しないまま、緊張が高まって、七月二十五日には朝鮮中部西岸の牙山豊島沖で海戦が勃発し、翌二十九日にはこの近隣の成歓で陸戦が勃発し、同年八月には両国が同時に宣戦布告した。近代装備に勝る日本軍は各地の陸戦で清国軍を圧倒し、海戦では、日本軍が巡洋艦など計十二隻の内三隻大破、一隻中破に対し、清国軍は戦艦など計十二隻の内三隻沈没、二隻座礁・喪失、二隻中破で、日本軍が優勢で、この戦争に勝利した。（以上二節⑬参照）

日清講和条約

明治二十八年（一八九五年）四月、下関で日清講和条約が締結された。この条約の第一条で清国は朝鮮の独立を認めた。また、賠償金二億テール（現在の通貨価値で二

十三兆六千億円）の他、遼東半島、台湾、膨湖諸島の主権等を清国から獲得した。（以上⑬参照）

三国干渉

明治二十八年（一八九五年）四月、下関条約が結ばれた六日後、ロシアとフランスとドイツが日本に遼東半島の返還を要求した。「三国干渉」である。日本はこの三国に対抗する国力が無く、泣く泣く干渉を受け入れ、遼東半島を清国に返還して、代わりに還付金三千万テールを得た。日本政府は、悲憤慷慨する国民に対して、〝臥薪嘗胆〟をスローガンに国力を上げる必要を訴えた。

しかし、この莫大な賠償金等は日本の経済を繁栄させた。八幡製鉄所はこのお金で建設され、（金額は三十七万円）、陸海軍の軍備の充実に貢献した。そのため、多くの日本国民が「戦争は金になる」という間違った意識を持った。（以上二節⑬参照）

清国の領土蚕食が進む

日清戦争は、列強諸国に「清国は弱い」と知らせる事になった。それで、欧米列強による清国の蚕食がさらに進んだ。

ロシアは、明治二十九年（一八九六年）に、東清鉄道（満州内のシベリア鉄道の延長）の敷設権を獲得し、さらに明治三十一年（一八九八年）に、遼東半島の南端の旅順と大連の租借権を得た。

フランスは、明治三十一年（一八九八年）に、安南鉄道の延長や、安南・広東での鉱山採掘権を獲得し、明治三十二年（一八九九年）に、広州湾の租借権を延長させた。

ドイツは、明治三十一年（一八九八年）に、膠州湾の租借権を延長させた。

アメリカは、スペインとの戦争やハワイ併合のために、支那進出が遅れた。（以上五節⑬参照）

義和団の乱鎮圧

列強が清国を蚕食する中、清国に（欧米列強を排斥しようとする）秘密結社「義和団」が誕生した。これは古来の武道と白蓮教の一派とが合体したもので、貧民を吸収して、急速に拡大した。清国はこれを密かに支援した。明治三十三年（一九〇〇年）に、義和団は北京に侵入し、各国の公使館を包囲した。清国はこれを好機と捉えて、欧米列強と日本に宣戦布告した。

欧米列強と日本は、在留自国民の保護の名目で、清国に軍隊を送り込み、清国軍と義和団とを簡単に打ち破り、在留自国民を救出し、清国に総額四億五千万テールの賠償金を課し、軍の北京駐留を認めさせた。それで、清国は列強諸国の半植民地になった。

ちなみに、日本軍兵士が非常に驚いたことには、戦いが終わると、列強諸国の兵士達は、当たり前の様に、清国人達の家や商店に押し入り、忙しく、家財道具の殆ど全てを荷造りして、次々と、いつの間にか集まった運送屋に引き渡して、次の家や店に移って行くのである。その品物の所有者が抵抗しても無駄である。下手をすると、殺される。これが、列強諸国に共通の戦争の終わり方なのである。これは、会津戦争などでも見られた事であったが、欧米列強から非難されない様に、日本軍は士官たちに国際法を勉強させ、これを兵に徹底させて、さらに憲兵にこれを監視させたので、そんな行為は許されない。ここで、日本軍は「国際法で禁止している行為は、頻繁にそれが犯されている行為である」事を学習したのである。

義和団に包囲された北京の列強の公使館群の中で、全体の実質的な指揮を執り、最小限の犠牲で、これを守り抜いたのは駐在武官の**芝五郎**（会津藩出身：江戸時代生まれ：当時三十六歳）である。この功績が認められ、彼は列強政府から称賛され、勲章

を授与された。（以上四節⑬参照）

＊＊＊＊＊＊＊＊＊＊＊＊＊＊

明治三十年（一八九七年）十月に、李氏朝鮮は大韓帝国と国名を改めた。

大韓帝国はロシアの属国になった

これは日本が清国を破って朝鮮を解放したためで、当初親日派が台頭したが、日本が三国干渉に屈したのを見ると、今度は親ロシア派が優勢になり、初代皇帝（高宗）はロシア領事館に匿われて政治を行う様になった。そして、高宗は、ロシアの言うがままに、鉱山採掘権や森林伐採権を売り渡し、朝鮮を殆ど半植民地の状態にした。（以上⑬参照）

ロシアは満州に居座った

さらに、義和団の乱の後、各国が満州から軍隊を撤退させたにも拘わらず、ロシアだけは引き上げず、さらに部隊を増強して、事実上満州を占領した。もはや、南下の野心を隠そうともしなかった。実は、ロシアは長年にわたって不凍港を求めていたのである。

そのため、日本とロシアの間で軍事的な緊張が急速に高まっていった。しかし、国力の差があり過ぎるので、世界の列強は「日本が敗けるだろう」と見ていた。なぜなら、国家歳入はロシアが約二十億円で日本が二億五千万円、常備兵力はロシアが約三百万人に対し日本が約二十万人で、陸・海軍ともにロシアは世界一と言われていた。

（以上⑬参照）

この様なロシアの脅威を睨んで、日本国内では陸・海軍の人員が急速に増強され、旧奥羽越同盟諸藩出身の軍人も着実に増えていった。

日英同盟が成立

明治三十五年（一九〇二年）一月、日本はイギリスと軍事同盟を結んだ。長年、欧州や西アジアでロシアの南下を阻止してきたのはイギリスである。ロシアの満州支配や南下政策に危機感を抱いていた、イギリスは日本と利害が一致したのである。

日英同盟の成立に、一旦ロシアは満州から軍隊を撤退させる動きを約束したが、翌年ロシアはこの撤退の約束を反古にした。

これにより、日本国内では「ロシア討つべし」という声が高まり、多くの新聞社が戦争ムードを煽り、「政府は無為無策である」と激しく非難し、世論も「戦争すべし」に大きく傾いた。これは清国が余りにも弱すぎたから、ロシアもそうに違いないと簡単に考えたのであろうが、政府は勝てるという確信が持てず、慎重であった。

明治三十六年（一九〇三年）、ロシアは旅順に極東総督府を設置し、日本を挑発した。ここに至って、日本政府はロシアとの戦争は避けられないと覚悟した。（以上三節⑬参照）

日露戦争の開戦

明治三十七年（一九〇四年）二月～三十八年（一九〇五年）九月：日露戦争

明治三十七年（一九〇四年）二月、日本は御前会議において日露国交断絶を決定し、ロシアに宣告した。その二日後、ロシアの旅順艦隊を包囲して、日本の駆逐艦隊が攻撃をし、両国は開戦し、宣戦布告した。（以上⑬参照）

陸軍が朝鮮半島の西北部に上陸

同日、日本陸軍も朝鮮半島の西北部に上陸し、間もなく朝鮮に設置されたロシア軍の砦を完全に制圧した。ロシア軍の砦は極めて頑丈に作られており、武器も最新のものであったが、日本兵の死を恐れない捨て身の突撃に、ロシア兵の多くは恐怖し、持ち場を逃げ出した。この戦い方は自然に、以後の全ての戦線に於いて採用された。

日本には戦争に必要な資金（外貨）が一億円も不足していた。日本の外債は開戦と同時に暴落しており、当初新たに発行する予定の一千万ポンドの外債の引き受け手はどこにも現れなかった。しかし、予想を完全に覆す日本軍の緒戦の勝利に、驚いた列強の投資家達はこの外債を喜んで引き受けた。

この後、陸軍の第一、二、四軍はロシア軍の砦を制圧しながら、そのまま奉天の南の遼陽まで北上し、クロパトキン将軍の指揮するロシア満州軍本隊と睨み合った。総兵力は日本軍約二十四万人、ロシア軍約三十六万人であった。しかも、ロシア軍の装備は最新式であるのに対し、日本軍の装備は旧式であった、これは、日本の軍事費の殆どは海軍の装備の整備に使われ、陸軍には僅かしか回ってこなかったからである。この事情は、昭和になっても変わらなかった。（以上⑬参照）

旅順要塞攻略

一方、日本海軍が旅順港に閉じ籠もったロシア艦隊を撃滅出来そうもない事が判明すると、急遽満州軍に第三軍が旅順要塞の攻略のために編制された。しかし、当初要塞攻撃の予定が無かったので、旅順要塞の詳細は調べられておらず、大本営は軽く、取り敢えず攻めてみて考えれば良い、と気楽であった。しかし、明治三十七年（一九〇四年）七月、第三軍は前進基地への攻撃を開始したが、砲撃してみると旅順要塞は極めて頑丈で、コンクリートで固めてある大規模な近代的要塞である事が判明した。

なんと、当時世界一の堅固なクリミア半島のセバストポリ要塞六個分にも相当する巨大な要塞であった。当時の世界の軍事常識として、この様な「コンクリートで固められた近代的な巨大な要塞を攻略する方法は無い」とされていたので、乃木大将と伊地知参謀はこの不可能に挑戦するしか無くなった。こうした基本的な工学的知識の欠如した大本営と世論から、「早く旅順要塞を破壊しろ」と矢の様な催促を受け、止むを得ず突撃させた兵の殆どは戦死傷した。それで、乃木大将とその参謀達は「無能」のレッテルを張られ、忌み、嫌われる事となった。

ここでの四、五ヶ月間の日本軍の総戦死者約一万五千四百人、総戦傷者約四万四千人、ロシア軍の総戦死者約一万六千人、総戦傷者約三万人で、大本営にも信じられない膨大な犠牲者数であった。これは大本営の大失態で、現場が無能のせいでは無かった。しかし、大本営がそんな事を認める筈が無いので、乃木とその参謀達は「無能」のレッテルを張られたままだった。

しかし、乃木大将と伊地知参謀長は毎日同じ様に攻撃している様に装いながら、その騒音と弾幕に紛れて、彼らは別途地下にトンネルを掘って要塞の外壁にまで進み、ここを火薬で破砕して、開いた穴から要塞の中に突撃隊を送り込んで、攻略する方法を考案し、何度も失敗しながら、それを諦めずにやり通して、明治三十八年（一九〇五年）一月、やっと旅順要塞を陥落させたのである。後に、列強国は、この功績を賞賛して、彼らに勲章を授与している。これは決して、儀礼だけでの叙勲ではなく、この要塞攻略法は第一次世界大戦において、早速ドイツ軍に利用された。

なお、この直前に行われた「二〇三高地」の攻防戦は、日露両軍ともに、敵の戦意を挫くための、象徴的な戦いであった。勿論、港に隠れているロシア軍艦に対する山越しの砲撃の監視所としては利用出来たが、この時には旅順港にいたロシア軍艦は兵器類が全部取り去られていて、既に軍艦ではなかった。（以上四節⑨参照）

後世の司馬遼太郎は良く調べもせずに、歩兵達の書いた日誌や回想録等に従い、小説『坂の上の雲』の中で、乃木大将と伊地知参謀を「能無し」と口を極めて罵ったが、この重大な間違いを元砲兵の桑原嶽氏に指摘されても、自分の名声を守る事だけに汲々として、間違いを公表する事もせず、あの世に旅立ってしまった。小説家といえども、自分の失敗には自分で責任を取るべきである。まして、皆が言っているからと、他人を安易に罵倒した場合には、責任は重大である。（以上⑨参照＋私見）

黒溝台会戦

乃木大将の第三軍が旅順から奉天に向かって移動している間の、明治三十八年（一九〇五年）一月末、黒溝台でロシア軍が突然日本軍を急襲し、驚いた日本軍は必死に耐えて守り抜いたが、崩壊寸前であった。現地の大本営は、「ロシア軍の攻撃は未だ先」と固く信じていたので、救援依頼への対応が酷く遅れ、危うく、全軍が崩壊するところであった。しかし、崩壊寸前のタイミングで、乃木大将の第三軍がそこに到着したので、これを酷く怖れていたクロパトキン大将がロシア軍に退却命令を出し、日本軍は救われた。人気の高い児玉源太郎大将も、思い込みが激しく、評判ほどではないのである。四日間の激しい戦闘で、死傷者は双方とも約一万人前後であった。（以上⑨参照＋私見）

奉天会戦

第三軍が旅順から北上するのを待って、明治三十八年（一九〇五年）二月日本軍はロシア軍の拠点・奉天への総攻撃を開始した。日本軍右翼の第一、四軍が攻撃を開始し、第二、三軍が奉天の西側から北方に向けて前進した。ロシア軍は予備を投入し、（クロパトキン大将につけ狙われた）第三軍はロシア軍の猛攻の前に、崩壊寸前になりつつも北へ東へと前進を続けた。クロパトキン大将は、旅順要塞の敵を討とうと、第三軍を探して、ロシア軍を左右に大きく動かしたために、現場の日本軍の大本営は第三軍が何処にいるのか分からなくなり、再三にわたり、第三軍に「北上しろ、北上しろ」と命令を発し続けて、「何故命令に従わないのだ？」と叱責までし、北上し続けている第三軍を困惑させた。児玉源太郎参謀総長も、困った人であった。

この急速な第三軍の北上のため、幸か不幸か、クロパトキン大将は日本軍に包囲される危険を感じて、全軍に撤退を指示し、奉天の北方に後退した。そして、この撤退を理由に、この直後にクロパトキン大将は解任されてしまった。しかし、この時点で、日本軍には弾薬が尽きかけており、列車に乗り、手を振りながら嬉しそうに去って行くロシア軍を、日本軍は黙って見送るしかなかった。結局、奉天会戦も乃木大将の第三軍が勝敗を大きく左右したのである。

ここでの約二十日間の戦闘での日本軍の総戦死者約一万五千九百人、総戦傷者約五万九千六百人で、ロシア軍の総戦死者約八千七百人、総戦傷者約五万一千四百人、総行方不明者約二万八千二百人（内捕虜二万二千人）であった。日本軍はロシア軍の二倍の膨大な死者を出しながら、攻撃し続けて、ロシア兵に恐怖を与え続け、浮き足立たせた。しかし、両国の陸軍の決戦は引き分けで、明治三十八年（一九〇五年）九月に終息した。（以上三節⑨参照＋私見）

こうした「死体の山を築き、敵に深い恐怖心を抱かせ、浮き足立たせる」戦い方は、予算が乏しくて、最新の武器が入手出来ない、陸軍には止むを得ない事であったが、この手法は、十分な予算の無い昭和の陸軍にも引き継がれる事になっていくのである。

明石元二郎のロシアでの秘密工作活動

明治三十五年（一九〇二年）、明石大佐はロシアの首都サンクトペテルブルクの日本公使館に駐在武官として着任し、ロシアとの戦争に備えて、諜報活動を開始し、ロシアの反政府分子やイギリスのスパイなどとの接触を開始した。明治三十七年（一九〇四年）、日露戦争が開戦すると、駐ロシア公使館は中立国スウェーデンのストックホルムに移り、明石もここを本拠地にした。明石はこの後、児玉源太郎参謀長の指揮下に入り、ロシア内外の反ロシア運動や反政府運動を支援して、彼らに資金や重火器を渡し、デモやストライキ、鉄道破壊工作などのサボタージュを展開していった。この結果、デモやストライキは先鋭化して、ロシア軍はその沈静化のために、かなりの人員を割かねばならなくなり、極東への十分な兵力の派遣に苦労する様になり、またロシア国内の混乱は満州のロシア軍に厭戦気分を蔓延させた。明石のこうした工作には総計百万円（現在の価値では四百億円以上）が費やされたが、この工作の効果は欧州列強を驚愕させた。（以上Ⓦ参照）

そのため、その恩恵に浴したソ連も秘密工作活動を日本やアメリカに対して本格的に使って行く様になる。しかし、日本では親徳川閥出身の軍人達が（自己防衛のために？）それを毛嫌いしたために、陸軍の正式の部署にもならず、いつの間にかそのノウハウも消えてしまった。

バルチック艦隊　苦難の長旅

それでも未だロシアは負けたとは考えていなかった。何故なら、ロシアの領土の外で戦争をやっていたし、当時世界最強と言われたバルチック艦隊がバルチック海を出て、アフリカの南端を経由して、ウラジオストクに向かっていたからである。これは、イギリスが日本のために、この艦隊のスエズ運河通過を妨害したためである。この艦隊がウラジオストクに入れば、日本と大陸との輸送路が遮断され、日本の戦争継続は不可能になる。実際この時点で、日本の物資や兵員は底をつきかけており、日本が勝利するためには、バルチック艦隊を撃滅するしかなかった。日本政府は全てを連合艦隊に懸けることとなり、海軍兵士は決戦に向けて、連日、猛訓練を行っていた。

当のバルチック艦隊は七ヶ月間もの長い間、（イギリスの妨害工作により）主要な港に寄港出来ず、上質の燃料も食糧も水も補給出来ず、殆ど栄養失調になり、病気に罹り、多くの人が船中で死んで、残った者も半病人の状態で対馬海峡に到着したのである。この事はロシア海軍の戦闘能力に重大な悪影響を与えた。（以上二節⑬参照）

日本海海戦　大勝利

明治三十八年（一九〇五年）五月、対馬海峡に於いて、連合艦隊は東郷平八郎総司令官と秋山真之参謀の指揮により、バルチック艦隊をほぼ全滅させた。この二日間の戦いにおいて、ロシア艦隊は戦艦六隻、巡洋艦五隻を含む二十一隻が沈没し、対馬海峡から逃走して、ウラジオストクに入港出来たロシア艦はわずかに四隻で、日本が失ったのは小型の水雷艇三隻だけであった。

この海戦で、東郷平八郎は「戦意なし」の合図を出して敗走する戦艦ニコライ一世に、艦砲射撃の継続を命じた。これに秋山真之参謀が反対すると、「敵艦が停止するまで撃つのが戦争だ。これは試合ではない」と叱りつけ、敗走する戦艦ニコライ一世に砲撃を続けて、それを停船させ、拿捕した。しかし、秋山はそれでも考えを変えなかったらしく、大東亜戦争でもまだ同じ事を繰り返した。この敗北により、さすがのロシアもほぼ戦意を失った。

日本にも余力は残っていなかった。一年半余の戦いで、日本が注ぎ込んだ戦費は、国家予算の約八倍にあたる二十億円という膨大なものだった。もともと短期決戦で講和に持ち込もうと考えていた日本政府は、アメリカのセオドア・ルーズベルト大統領に仲介を依頼した。（以上三節⑬参照）

ポーツマス条約

明治三十八年（一九〇五年）八月、ルーズベルト大統領の仲介で、アメリカのポーツマスで日露講和会議が行われたが、日本側（小村寿太郎全権大使）の要求は全てロシアに拒否された。ニコライ二世がセルゲイ・ヴィッテ全権大使に「一銭の賠償金も一片の領土も渡してはならない」と命令していたからだ。ニコライ二世は「日本が賠償金に拘る様なら、戦争を継続しても良い」と考えていた。日本政府は「戦争が再開されれば、最終的に日本が敗れる」と分かっていたので、「賠償金は無し」、「樺太の南半分を日本に割譲する」、「朝鮮半島に於ける優越権を日本に認める」、「旅順、大連の租借権を日本に割譲する」という妥協案で講和を結び、日露戦争は終結した。この結果、極東地域に於ける日本の支配力は拡大した。

日本国民は条約に不満を爆発させた

しかし、ポーツマス条約の内容を知った日本国民は、賠償金を取れない政府に対して、怒りを爆発させた。日清戦争の経験から、「戦争に勝てば賠償金を取れる」と思い込んでいたのだ。国民は、日本がぎりぎりの状況である事を知らされていなかった。政府がそれを国民に説明すれば、ロシアが戦争を継続する可能性があるため、秘密保持は止むを得なかった。

約八万人という戦死者（日清戦争の約六倍）は、日本の歴史上最大の戦死者数であり、国民してみれば、「これに何の見返りも無いのは絶対に許せない」という気持ちであったろう。また、新聞社が政府の弱腰を責めた事もあって、世論は政府非難一色となった。当時の朝日新聞は、九月一日、「大々屈辱」、「講和憤慨」、「日本政府自ら日本国民を侮辱するに当たる」などという激烈な記事を書いている。

この記事が出た後、全国各地で「閣僚と元老を辞めさせ、講和条約を破棄して、ロシアとの戦争継続を求める」という主張を掲げた集会が行われた。（以上四節⑬参照）

日比谷焼打事件

明治三十八年（一九〇五年）九月五日には、東京の日比谷公園で、ポーツマス条約に反対する国民集会が行われたが、民衆は暴徒と化し、内務大臣官邸や周辺の警察署、派出所を襲撃し、東京市内の十三ヶ所に放火された。この時講和条約に賛成した国民新聞社は暴徒に焼打ちされている。東京は無政府状態となり、翌日政府は戒厳令を敷き、近衛師団が出動し、ようやく鎮圧した。死者十七人、負傷者五百人以上、検挙者二千人以上という激しい暴動であった。（以上⑬参照）

新聞社が戦争を煽り、国民世論を誘導

この事件は「新聞社（メディア）が戦争を煽り、国民世論を誘導した」事件であ

り、「新聞社に煽動された国民自らが戦争を望んだ」事件でもあった。この流れは昭和になって再燃し、日本が大東亜戦争になだれ込む一因にもなった。

また、日露戦争での日本の勝利は列強諸国の植民地になって、苦しんでいた世界中の多くの人々と（何度もロシアと戦っていた）トルコの人々を狂喜させ、彼らに希望を抱かせた。

しかし、列強諸国の人々は父母や恋人を失った様に、悲しみ、自分達の未来が明るくない事を深く憂いた。それは、同盟国のイギリスでも同じであった。（以上三節⑬参照）

陸・海軍大学校の教育への影響

そのため、明治十五～二十一年（一八八二～一八八八年）に設立された陸軍大学校と海軍大学校の教育内容にも支障が出る事になった。当初、この大学校は日清戦争や日露戦争の現場に必要な将校の育成を目的としたため、戦争を国家運営の一方法とする様な高次の教育はなされず、それは維新を成し遂げた旧薩長閥の元老達が担当していた。しかし、元老達もやがて働けなくなるので、列強諸国では当たり前の、より高度な教育も必要であった。しかし、日露戦争の勝利により、列強諸国が日本を警戒し始め、それ以上の教育をしないまま、指導教官達を引き上げてしまった。その上、学生達の多くは日露戦争を牽引した（憎き）薩長閥の政治家達や老官僚達に教えを乞う事を毛嫌いした。さらに、彼らが列強諸国に留学しても、誰もそんな高度な事を教えてくれなかった。そのために、東條英機らの昭和の高級軍人達は、「国を率いていくには何が必要か？」を知らないままに大東亜戦争に突入し、最後まで「戦争をどこでやめるか？」を考えなかったのである。（以上Ⓦ参照＋私見）

＊＊＊＊＊＊＊＊＊＊＊＊＊＊＊

アメリカの日本への敵意

中国分割競争に出遅れたアメリカは、日本がロシアに勝利して以降、満州への進出を狙っていた。ポーツマス講和会議の二ヶ月後、セオドア・ルーズベルト大統領の意向を受けて、アメリカの鉄道王エドワード・ハリマンが来日し、南満州鉄道を日米で共同経営しようと提案してきたが、小村寿太郎外相が反対して、この計画は流れた。さらに、明治四十二年（一九〇九年）に、アメリカの国務長官フィランダー・ノックスが「満州の全鉄道を中立化して、国際シンジケートで運営しよう」と提案するが、

「分け前をよこせ」という事と解釈して、日本とロシアは結束して反対し、また、イギリスもフランスも同意しなかったので、この提案は流れた。（以上Ⓦを参照）

大正中期までは、日本人とアメリカ人の互いに対する感情は良好で、明治三十九年（一九〇六年）のサンフランシスコ地震の際も、大正十二年（一九二三年）の関東大震災の際もお互いに最大規模の義援金を贈り合い、アメリカのジャズや野球など文化やスポーツも日本に多く受け入れられて、親しく交流していたのである。

しかし、明治三十一年（一八九八年）にアメリカがハワイを併合して、さらに西進を続け、アジア大陸の東縁に迫り、大正後期から昭和初期に入ると、日本とアメリカの衝突は避けられない運命となる。アメリカは支那の市場が欲しかったのである。（以上二節⑮参照）

そして、アメリカの中には、露骨に日本排斥を唱える勢力「ウイーク・ジャパン派」と「ストロング・ジャパン派」がせめぎ合う様になった。前者が、日本の弱体化を望むグループであり、後者が、ロシアの脅威に対抗するために、強い日本を望むグループである。これが初めて浮かび上がった、日本に対する「アメリカの敵意」である。（以上Ⓦ参照）

＊＊＊＊＊＊＊＊＊＊＊＊＊＊＊

進歩主義と社会主義の流行

日本の若者達が必死に欧米の科学技術や文化を学んで、一刻も早く我が国を強くしようと頑張っている、明治・大正の時代に、皮肉な事に、欧米で一番持て囃されていた政治思想が「進歩主義」と「社会主義」であった。そのため、この二つの思想は、明治十三年（一八八〇年）代から、「欧米を代表する思想」として、洪水の様に日本に流れ込み、若者達の間に広まった。

「進歩主義」は、ジャン・ジャック・ルソーから始まる「歴史・伝統・文化を敵視し、それらを解体しなければ、進歩がない」という考え方である。そして、「社会主義」は、「労働者を救うために、資本主義を打倒しなければならない」というものである。その背景には、近代産業国家の発展に伴って生じた、労働者の劣悪な状況があった。日本の若者達はこれらを学ぶことが日本の独立を守る事だと信じてしまった。これは、軍人の道に入った者も同じであった。

事実、フランスはルソーの進歩主義に基づいてフランス革命を断行し、国民国家を作る事で強国になった。また、アメリカは、そのフランスの流れを汲んで、独立革命を行い、大国として台頭した。「フランスやアメリカの様な強国になるためには、我々も進歩主義を取り入れて、過去を否定するべきだ」と多くのエリート達が信じたのである。

そして、「家業」を捨て、都会に出て、工場で働いたり、自分で事業を興したりする様になった若者達は、社会問題に突き当たった。日本が近代産業国家になるとともに、格差や貧困や労働問題が生じ、それに対する対応が十分に出来なかったのである。低賃金や長時間労働（十二時間以上）、徹夜労働、子供や女性の酷使、公害問題や争議など様々な労働問題が続出し、明治政府は、明治十五年（一八八二年）から、労働者保護のための立法のための調査を開始したが、実際に工場法が施行されたのは、三十四年後の大正五年（一九一六年）であった。

大正時代以降、この様な貧困問題などへの解決策を提示しようとしたのは、主として社会主義者とキリスト教徒だった。社会主義者は労働組合を作って資本家と交渉し、労働環境を改善しようとしたので、成功すれば効果が大きかった。キリスト教徒は慈善事業を地道に行った。そして、残念ながら保守派は、貧困問題に対して消極的だった。福沢諭吉の提言を受けて、皇室も貧困問題に貢献する様になったが、効果は限定的だった。

こうして、「社会主義者だけが貧困問題を解決出来る」という通念が出来上がっていき、この通念に押されて、社会主義者の運動も次第に過激になっていき、警察も警戒するようになった。（以上六節③Ⓦ参照）

日本社会党の設立・解散

日本社会党は、明治三十九年（一九〇六年）一月に、第一次西園寺内閣の融和政策の下で、社会主義政党の設立の気運が高まり、結成されたが、幸徳秋水が帰国して、ゼネラル・ストライキによる直接行動論を提唱するに至り、「これを取り締まれ」という元老らの声に押されて、明治四十年（一九〇七年）二月、第二次西園寺内閣は「安寧秩序妨害」を理由とした結社禁止命令により、日本社会党は解散させられた。社会党は一年半ももたなかった。最初から、過激過ぎたのである。（以上⑬Ⓦ参照）

幸徳秋水事件

明治四十三年（一九一〇年）五月、信州の社会主義者、幸徳秋水、宮下太吉ら四人による明治天皇暗殺計画が発覚し、全員逮捕された。以降、この事件を口実に全ての社会主義者、アナキスト（無政府主義者）に対して取り調べや家宅捜索が行われ、彼等を根絶やしにする弾圧を政府が主導した。この事件の逮捕者には、異常に早い取り調べと裁判が行われ、二十四人が死刑の判決だった。実際の死刑は十二人に実施され、特赦無期刑で獄死したのは五人、仮出獄したのは七人であった。以降、類似の未遂事件が三件起こっている。（以上Ⓦ参照）

＊＊＊＊＊＊＊＊＊＊＊＊＊＊＊＊＊

朝鮮併合

日露戦争後、当初日本は大韓帝国を保護国（外交処理を代行する国）とし、漢城に統監府を置き、初代統監に伊藤博文が就いた。日本は大韓帝国を併合しないで、近代化によって、独り立ちさせ様としていた。酷く貧しい大韓帝国を併合すれば、日本国内と同等にするために、大韓帝国に莫大な投資をする必要があったからである。

しかし、明治四十二年（一九〇九年）十月に、伊藤博文統監がハルビンで朝鮮人テロリストによって暗殺され、状況が一変した。国内で併合論が高まると同時に、大韓帝国政府からも併合の提案がなされ、大韓帝国最大の政治結社から、「日韓合邦」を勧める声明文が出された。それでも慎重な日本政府が、列強諸国に「大韓帝国の併合」を打診すると、これに反対した国は一国も無かった。それどころか、イギリスやアメリカの新聞は「アジアの安定のために併合を支持する」という記事を掲載したので、日本はようやく併合を決断した。三国干渉〟の再現を恐れたのである。

明治四十三年（一九一〇年）八月、漢城にて、大日本帝国と大韓帝国は日韓併合条約を締結した。

日本は併合後朝鮮半島に膨大な資金を投入して近代化した

併合した後、日本は朝鮮半島に凄まじい資金を投入して、近代化に大きく貢献した。例えば、併合前まで百校ほどしか無かった小学校を四千二百七十校に増やし、全国児童に義務教育を施し、十パーセント程の国民の識字率を六十パーセントにまで引き上げ、同時にハングルを普及させている。事大主義のせいで、ハングルはそれまで全く使われていなかったのである。

また、全土がほぼはげ山だったところに約六億本もの木を植え、鴨緑江には当時世界最大の水力発電所を作り、国内の至る所に鉄道網を敷き、工場を建てた。さらに、新たな農地を開拓し、灌漑を行い。耕地面積を倍にして、米の収穫量を増やし、三十年弱で人口を約二倍に増やした。同時に二十四歳だった平均寿命を四十二歳まで延ばした。また、厳しい身分制度や奴隷制度、おぞましい刑罰などを廃止した。この様に、日本政府の政策の実態は、欧米の収奪型の植民地政策とはまるで違うものだった。これは欧米人にとってはとうてい信じられない事であった。（以上五節⑬Ⓦ参照）

しかし、「恨み」の文化を持つ朝鮮にとっては、これも押し付けであり、日本に感謝する柔らかな心は持ち合わせていなかった。また、約二百六十年間も鎖国した日本は、「どこの民族も同じ様に考え、同じ様に感ずる訳ではない」という事を理解出来なかったのである。それに当時、何よりも、日本はロシアの侵攻が怖くて、どうやって独立を守るかを必死に考えていたので、余裕も殆ど無かった。

＊＊＊＊＊＊＊＊＊＊＊＊＊

不平等条約の解消

明治四十四年（一九一一年）、日本は幕末にアメリカ、イギリス、フランス、オランダなどと締結した修好通商条約に残されていた、最後の不平等条項である「関税自主権が無い」という条文を完全に消し去る事に成功した。条約締結から五三年を費やした。日露戦争に勝った日本を、列強諸国は対等の国家と認めたのである。これで悲願の「不平等条約の解消」が実現した。（以上⑬参照）

日本はアジア最高の文明国

明治の日本は、間違いなくアジアで最も高度な文明を持つ国であった。そのため、大陸から孫文や周恩来など多くの留学生が日本に来て、文化を吸収して帰った。

彼らによって、「和製漢語」はまたたく間に中国や朝鮮に広められた。現代の中国語も朝鮮語も、「これらの『和製漢語』が無ければ、社会的な文章が成り立たない」と言われる。

また、日本は欧米の書物を数多く翻訳した事により、日本語で世界中の様々な本が読める、特異な国になった。当時、日本語こそ、東アジアで最高の国際言語であった。（以上三節⑬参照）

中華民国誕生

明治四十四年（一九一一年）、清帝国の各地で、「清朝打倒」を掲げる、漢人による武装蜂起が相次いで、明治四十五年（一九一二年）一月、南京に、臨時政府「中華民国」が誕生し、孫文が臨時大統領になった。翌月、清朝最後の皇帝宣統帝（溥儀）は退位させられ、ここに清帝国は二百九十六年の歴史の幕を閉じた。中華民国はほどなく軍閥の袁世凱が実権を握り、孫文を追い出して、大統領になった。しかし、その中華民国は未だ十近くもある軍閥の一つでしかなかった。それで、此処ではこの国を古来の「支那」と呼ぶ事にする。「支那」は欧米列強の使う「チャイナ」の漢字版であり、蔑称ではない。（以上⑬参照＋私見）

大正天皇即位

明治四十五年（一九一二年）七月、明治天皇が崩御し、大正天皇が即位した。

＊＊＊＊＊＊＊＊＊＊＊＊＊＊

ロシアは再度欧州に目を向けた

日本に負けてアジアでの南下政策を諦めたロシアは、再度欧州への進出の機会を覗っていたし、植民地獲得競争に出遅れたドイツはオーストリア・ハンガリー帝国、イタリアと三国同盟を結んで、海軍を増強していた。ドイツの動きを脅威と見たイギリスはフランスとロシアと結び、三国協商を結んだ。二つの陣営は、他の欧州諸国を同盟関係に巻き込みながら、新たな侵略の矛先をバルカン半島へと向けて行った。

（以上⑬Ⓦ参照）

欧州の火薬庫　バルカン半島

この地域は長い間、オスマン帝国の支配下にあった。十三世紀に興ったオスマン帝国は、十六世紀以降、中東、北アフリカから東欧に至る広大な領域を支配してきたが、十九世紀を迎える頃から弱体化し始めていた。これに合わせるかの様に、バルカン半島では小国のナショナリズムが高揚してきた。バルカン半島の諸国・諸民族が独立を目指す動きを見せる中、その民族感情を利用する形で列強が入り込み、まさに一触即発の状態へと緊張が高まっていき、この半島は「欧州の火薬庫」と呼ばれた。

（以上⑬Ⓦ参照）

第一次世界大戦　：大正三年（一九一四年）七月～七年（一九一八年）十一月

大正三年（一九一四年）六月、ボスニアのサラエボを訪問中のオーストリア・ハンガリー帝国の帝位継承者夫妻がセルビア人のテロリストによって暗殺され、これに応じ、翌七月二十八日、オーストリア・ハンガリー帝国はセルビアに宣戦布告し、翌々日、ロシアがセルビアを支援するために総動員令を出すと、八月一日、オーストリア・ハンガリー帝国の同盟国ドイツがロシアとフランスに宣戦布告し、これを受け、フランスとロシアの同盟国イギリスがドイツに宣戦布告した。七月二十八日からたった一週間の出来事だった。

その後も続々と参戦する国が現れ、僅か数週間の内に、欧州二十八ヶ国が連合国側と同盟国側に分かれて戦う事になり、人類が見た事も無い大戦争へと拡大した。欧州諸国で中立を保ったのはスイス、スウェーデン、デンマーク、ノルウェーなど、一部に過ぎなかった。

日本もイギリスと同盟を結んでいる関係で、八月にドイツに宣戦布告し、ドイツの租借地であった山東半島と北マリアナ諸島、パラオ、マーシャル諸島などを攻めて占領し、また、ドイツが地中海などでUボート（潜水艦）などを使い通商路の破壊作戦を始めると、イギリスなど連合国の求めに応じて、戦艦や駆逐艦などを地中海や大西洋、インド洋、太平洋東縁などに派遣して、連合国側の商船や艦船を守った。

この大戦は欧州を舞台に四年以上も続いた。戦車、飛行機、潜水艦、毒ガスなどの新兵器が多数使われ、最終的に、両陣営合わせて戦死者約一千万人（ドイツ約百七十七万人、ロシア約百七十万人、フランス約百三十六万人、オーストリア・ハンガリー帝国約百十万人、イギリス約九十万人、イタリア約六十五万人など）、戦傷者約二千万人、行方不明者約八百万人という、人類史上最多の犠牲者を出す、悲惨極まりない戦争となった。

しかし、日本は戦争の主戦場から遠く離れていたため、被害は極めて小さかったのと、欧州の工業地帯が全て戦争に巻き込まれたために、戦争に必要なあらゆる物資の注文が殺到して、アメリカと共に非常な好景気に沸き続けた。（以上五節⑬Ⓦ参照）

ロシア：二月革命

大正六年（一九一七年）三月八日、第一次世界大戦中のこの日、ロシアの首都ペトログラード（サンクトペテルブルク）で、食糧配給の改善を求める数万人規模のデモが行われた。初めの内は穏健なデモであったが、デモの規模は次第に拡大して、規制が不能になり、遂に警官隊がデモ隊に発砲して、市民に多数の死傷者が出た。これに激怒して、一部の軍隊が反乱を起こし、これが他の軍隊にも伝染して、騒乱状態になったので、社会革命党のアレクサンドル・ケレンスキーらがソビエト（臨時政府）を発足させ（二月革命）、権力を掌握しようとしたが、彼等もドイツとの戦争を止め様としなかったため、この騒乱は翌月には全国に拡大し、各地で労働者・兵士の臨時政府が発足して、（皇帝を支持する政府もあったことから）二重～三重権力の大混乱状態となった。（以上⑦Ⓦ参照）

ドイツがレーニンを投入

これを見て、（ロシアとの戦争に疲れた）ドイツはロシアを内部から崩壊させようと、スイスに亡命していた革命家ウラジミール・レーニンを、（ドイツ人との接触をさせないため）列車と船に閉じ込めたまま、ペトログラードに送り込んだ。レーニンは「即時暴力革命」を唱えていたために、彼はそれほど危険な人間と見做されていたのである。

それまでは、カール・マルクスとフリードリヒ・エンゲルスによって展開された科学的社会主義思想に従い、「革命の機が熟すのを待ち、機が熟したら一気に革命を起こす」のが社会主義者の使命だと言われていたのである。しかし、「いつ機が熟したのか？　それを誰が判断するのか？」が曖昧だった。それで、革命家達に苛々が溜まって、限界に来ていた。その苛々をレーニンは簡単に解決したのである。（以上二節⑦Ⓦ参照）

ロシア：十月革命

大正六年（一九一七年：第一次世界大戦中）十一月、レーニンは、ペトログラードでの集会で「世界中の政府を暴力で転覆し、世界中の金持ちを皆殺しにせよ。そうすれば全人類は幸せになれる」という意味の演説をして、合法的活動に拘り、遅々として進まない革命に苛々していた「ボルシェビキの闘争心」に火を点け、武装蜂起を促して、臨時政府を倒し、十月革命を成功させた。そして、全ロシア＝ソビエト会議を召集し、レーニンは人民委員会議（臨時政府）の議長に就任して、権力を掌握した。その後、制憲議会を召集したが、ボルシェビキが多数派にならなかったので、全ロシア＝ソビエト会議の権限で、議会を閉鎖してしまった。これが共産党の「一党独裁」の始まりである。（以上⑦Ⓦ参照）

ボルシェビキ「共産党」に改称

大正七年（一九一八年：第一次世界大戦中）一月、首都をモスクワに移動。

こうして、人類史上はじめて共産主義国家が誕生した。

政権を掌握した直後、レーニンは皇帝一家の大惨殺を実施し、実行力を誇示すると共に、後顧の憂いを排除し、さらに、ロシア帝国の同盟国に連絡も無く、（ドイツの目論見通り）ドイツに降伏した。ドイツと戦っているロシアの同盟国の英仏両国にとっては大悪夢だった。

また、第一次世界大戦以来の食糧不足を解消するために、労働者を農村に送り込んで、作物を強制的に徴発した。そのために、各地で農民の反乱が発生し、反革命運動が各地で起こったため、誕生したばかりの共産主義国家は内戦状態に陥った。これに対して、ソビエト政府は「チェカ」と呼ばれる非常委員会や「赤軍」を組織して、反革命運動などを取り締まった。（以上三節⑦Ⓦ参照）

コミンテルン（第三インターナショナル）設立

大正八年（一九一九年）三月、世界各国の革命勢力を結集して、「世界共産主義化」を実現するため、レーニンはレフ・トロツキーを責任者にしてコミンテルン（第三インターナショナル）を設立した。このため、この頃に世界各国に共産党が誕生した。（以上⑦Ⓦ参照）

敗戦革命論

そして、大正九年（一九二〇年）十二月、レーニンはコミンテルンの活動家会議で、ロシアに共産主義革命を成功させた経験を基に、「日本を共産化するためには、日本に敵意を抱きつつあるアメリカと日本を煽動して、両国に戦争をさせて、日本を敗戦に追い込み、さらに敗戦した日本を騒乱状態にして、そこに最小限の武装組織を投入して、革命政権を樹立すれば、簡単に成功するだろう」と話し、これを「敗戦革命論」と名付けた。そのためにはアメリカを徹底的に利用しなければならないので、密かにアメリカ共産党を作り、彼らに大規模な反日キャンペーンを担当させたのである。これは共産主義を理想とする者が誰も考えた事の無い「**悪魔の方法論**」であった。（以上③Ⓦ参照）

対ソ干渉戦争

大正七〜十一年（一九一八〜一九二二年）、ロシア皇帝軍と同盟して、ロシア内部に入り込んで軍事行動を行っていた、チェコ軍の救出を名目に、英仏両国が北ロシアに軍隊を派遣して、反革命勢力（白軍）を支援した。また、日本もアメリカと共にシベリアに出兵し反革命勢力を支援した。そのために、白軍は一時国土の大部分を占領したといわれる。（以上⑬Ⓦ参照）しかし、外国軍の侵入はかえってロシア民衆の愛国心を呼び覚ました。

次第に支持を拡大したソビエト政府は、全工業を国有化し、農民からは食糧を徴発するなど、徹底した戦時共産主義によって、政治・経済の統制を図ったほか、赤軍を強化して反撃を開始した。こうして、外国軍の干渉を排除したソビエトは、中央アジアやカフカス地方の共和国を支配下に治め、大正十一年（一九二二年）、にソビエト社会主義共和国連邦を形成した。（以上二節⑬Ⓦ参照）

パリ講和会議　ベルサイユ条約

大正八年（一九一九年）一月、第一次世界大戦がドイツなどの連盟国側の敗北に終わったため、パリで講和会議が開かれ、アメリカ、イギリス、フランス、日本、イタリアの五大国が参加した。ここでベルサイユ条約が結ばれ、ドイツは植民地の全てと領土の一部を失い、国家予算の二十五年分という莫大な賠償金を科された。この余りにも過酷な制裁が原因で第二次世界大戦が起こった、と言っても過言ではない。（以上⑬参照）

国際連盟の設立

パリ講和会議で、アメリカのウッドロウ・ウイルソン大統領は世界平和のための機関「国際連盟」の設立を提案した。日本もこれに賛成し、国際連盟規約の制定の過程で、「人種差別をしない」という規定を加えることを提案したが、賛成国が多かったのにも拘わらず、議長国のアメリカが黒人を差別していた事情で、この提案は議長裁定で却下された。大正九年（一九二〇年）一月に国際連盟は発足し、日本は常任理事国（イギリス、フランス、イタリア、日本）に名を連ねた。（以上⑬参照）

二十一ヶ条要求

第一次世界大戦中の大正四年（一九一五年）に、日本は袁世凱の中華民国政府（十近くある軍閥の一つ）に対して、ドイツが山東省に持っていた権益を譲ることなどを含む「十四ヶ条の要求と七ヶ条の希望」を出した。それは一部の希望条件を除き、当時の国際情勢に於いて、ごく普通の要求だった。しかも、当初は日本と中華民国双方納得の上での話だったものを、中華民国側から「文書は公開しないから、要求という形にして欲しい。止む無く調印したという形にしたい」という申し出があり、これを受けて、日本側が敢えて「二十一ヶ条要求」という形にしたものである。ところが、この「要求文書」の受領直後に、袁世凱はこの「要求文書」を公開して、国内外に向かって、日本の横暴さを訴えた。そのため、支那国内で反日感情が湧き起こり、欧米列強は条約の裏事情を知りながら、日本を非難した。日本は中華民国を馬鹿にしていたので、まんまと袁世凱の策略に引っかかったのである。

そして、この後も日本は外交で同じ様に何度も騙される。生来正直で優しい日本人は、騙し騙されるのが当たり前の、支那人や朝鮮人とはうまく交際が出来ないのである。（以上二節⑬参照）

アメリカ国内での移民排斥運動

第一次世界大戦以降、日本が強国になってから、アメリカには安全保障の観点から対日警戒論が強まっていった。アメリカは大正二年（一九一三年）に排日土地法を成立させ、日本人の農地購入を禁止し、大正九年（一九二〇年）には、日系アメリカ人でさえ土地を取得できない様にした。さらに、大正十三年（一九二四年）には、アジアからの移民を全面的に受入禁止にした。当時、アジアからの移民の大半が日本人であった。こうして、根強い人種的偏見を背景にしたアメリカ国内での移民排斥運動はますます激化し、日本国内でも反米感情が湧き起こった。（以上⑬参照）

ワシントンで軍縮会議

大正十年（一九二一年）十一月～十一年（一九二二年）二月、アメリカのワシントンで軍縮会議が開催され、アメリカ、イギリス、日本、フランス、イタリア、ベルギー、オランダ、ポルトガル、中華民国が参加した。しかし、中華民国は未だ支那の十以上もある軍閥の一つであった。

第一の議題は、第一次世界大戦の様な、悲惨な戦争を繰り返さないための軍縮だった。会議で列強五ヶ国の戦艦のトン数制限と保有比率が議論され、その結果はアメリカ五、イギリス五、日本三、フランス一・六七、イタリア一・六七であった。

第二の議題は「支那に於ける列強の権益」についてで、会議の結果、「支那の領土保全」と「門戸開放・機会均等」が合意された。つまり、「列強も現状以上の中国への侵略は控え、ビジネス的な進出に切り替えよう」という合意であった。これには中国大陸進出に出遅れたアメリカの意向が色濃く反映されていた。（以上三節⑬参照）

日英同盟の破棄

最後の議題は「日英同盟の破棄」についてで、これを強引に主導したのはアメリカだった。（日本に敵意を抱いていた）アメリカは、将来の日本との戦いのために、日本をイギリスから切り離しておこうと考えたのである。アメリカは〝日英同盟を破棄する代わりにフランスとアメリカを加えた、「四ヶ国条約」を結んではどうか、と日本とイギリスに提案した。

イギリスは同盟の破棄を望んでいなかったが、日本の全権大使、幣原喜重郎は「四ヶ国条約の方が国際平和につながるだろう」と安易に考え、この提案を呑んで、日英同盟を破棄してしまった。しかし、「四ヶ国条約」はただの目くらましの紙屑であった。（以上⑬引用）

これに反し、日英同盟には実績があり、信頼に足る同盟であった。この時、もし日英同盟が破棄されていなければ、日本はナチス・ドイツと同盟を結ぶ事もなく、アメリカと戦争する事も無かったろう。大正から昭和の日本は、ここぞという重大な局面で選択を誤るのである。幣原喜重郎は大東亜戦争の敗戦後の総理大臣でもあるが、色々な場面で、軽はずみで、深く考えない人間であった、といわれる。（以上⑬参照）

これらの合意は「九ヶ国条約」に纏められた。

三、世界恐慌とスターリンと支那

大正時代　：大正元〜十五年（一九一二〜一九二六年）

大正デモクラシー

激動の世界の中にあって、大正の日本は民主主義制度が発展した時代であった。明治時代に権勢を振るった旧薩摩・長州藩出身者による藩閥政治は後退し、選挙によって選ばれた政治家や政党が内閣を作った。もっとも、当時は元老（明治維新に功労のあった薩長出身の重鎮）の推薦が無ければ組閣が出来ず、完全な民主主義制度にはなっていなかったが、それが功を奏して、日露戦争の際でも、一度も明治憲法が停止された事は無かったのである。（以上⑬参照）

しかし、日本人は未だ民主主義制度に馴染めておらず、大正元年から昭和七年五月までの約二十年間に、内閣が十六回も入れ替わった。この内三回は総理大臣の暗殺事件による交代であった。これは「民主主義とは相手の瑕疵を言い立てて、新聞などをも巻き込んで騒動を起こし、倒閣に持ち込める制度」くらいに考えていたからであろう。このために、大胆な政策を実施する事は極めて困難であったと思われる。（以上Ⓦ参照＋私見）

大正七〜十年（一九一八〜一九二一年）間に、原敬は日本で最初の本格的な政党内閣を作り、爵位を持たない最初の総理大臣になって、そのため、「平民宰相」と呼ばれた。その原はかつて賊軍であった、元盛岡藩家老の息子である。それで、山縣有朋はその原を自分の後任にと期待していたが、原は大正十年十一月に、勘違いのテロリストによって無意味に暗殺された。（以上二節⑬参照）

大正十四年（一九二五年）に普通選挙制度が出来た。これにより納税額による制限が撤廃され、満二十五歳以上の男性は全員参政権を持った。

大正時代には市民運動も盛んになり、第一次世界大戦による好景気を背景に工場労働者が急増したことを受けて、全国で労働組合も組織され、大正十一年（一九二二年）には部落解放を掲げた「全国水平社」も組織された。女性の地位向上のための婦人運動も活発になった。

こうした自由な空気と民主主義制度への流れは「大正デモクラシー」と呼ばれた。

第一次世界大戦後（大正七年〜：一九一八年〜）は、国民の生活も大きく変わった。街には活動写真（映画）を上映する劇場が多く作られ、ラジオ放送も始まった。食生活でも、カレーライス、トンカツなどの洋食やキャラメルやビスケット、ケーキが庶民生活の中に溶け込んでいった。東京や大阪には鉄筋コンクリートのビルが立ち並び、デパートが誕生し、バスが運行した。電話交換手やバスガールなど、女性の社会進出も増えた。

雑誌や小説が数多く発行され、芥川龍之介、谷崎潤一郎、志賀直哉などの人気作家が続々と現れた。東京六大学野球や全国中学校野球大会（現在のインターハイ）や宝塚歌劇団が生まれたのもこの頃だ。また子供向けの娯楽も誕生し、動物園、遊園地、雑誌、レコード（童謡）、玩具なども多く作られた。（以上四節⑬参照）

親補職制度の拡大

早く昇進して憎い薩長に親族・縁族の敵を討つべく、日夜真面目に訓練と勉学に努めて、順調に昇進してきた、旧奥羽越列藩出身の青年軍人達が、さらに旧薩長閥対策として考えたのが、「親補職」制度の利用の拡大である。「親補職」とは、陸軍大臣、参謀総長、軍司令官、師団長などの「天皇陛下自身が親しく補職（任命）する重要な職」である。この内、軍事参議官はかなり暇な仕事なので、親補職でないポストに就く際には、この職に多くが併任された。これらの職に任命されると、実際上、上官は天皇陛下だけになるので、通常は何の責任も問われなくなるのである。勿論、天皇陛下は責任を問えるのだが、誰かが上申書を作成しないと、処分出来ないし、こんな恨まれる仕事は誰もしたくないので、実際上、何も起こらないのである。明治天皇を支えた維新の元勲達は大正時代に皆亡くなって、昭和天皇を支える元勲達は全くいない状態になる。それでも、若い高級将校予備軍達はこの職の利用を縮小しようとはしなかった。そして、この親補職制度の拡大は、昭和の官僚気質で無責任な将校達を、より緩んだ酷いものにした。（以上二節Ⓦを参照）

長州・薩摩閥軍人の陸軍大学での卒業成績を引き下げ

また、非長州・薩摩閥の将校達は、昇進して陸軍士官学校や陸軍大学校の教官になると、示し合わせて、わざと非常に難解な質問を次々に繰り出して、長州・薩摩閥の人間を上位の成績で卒業させない様に工夫した。これには殆ど全ての非長州・薩摩閥の若い将校達が参加した。その効果は絶大で、昭和十年台の陸軍には、現役の長州・薩摩閥の高級将校は殆ど居なかった、といわれる。

なお、海軍ではこれほどの不正は横行しなかったが、亡国まで薩長閥の「艦隊派」は強力であった。しかし、「艦隊派」はアメリカとの戦争でも「日露戦争の時の様に、大型戦艦や重巡同士の艦隊決戦で勝敗を決すべきである」と主張する、時代遅れの超保守的な集団であった。このために、山本五十六達条約派（親旧徳川閥）は航空機動部隊の新設に大変な苦労をした。ちなみに、海軍の薩長閥（艦隊派）は彼らの仲間を追い出した陸軍をさらに憎み、警戒する様になったのである。（以上二節Ⓦ参照）

＊＊＊＊＊＊＊＊＊＊＊＊＊＊＊

コミンテルン

コミンテルンは「世界の国々全てを共産主義国家に変える」という目的のもと、アメリカや欧州に工作員を送り込んでいたが、革命を起こす程の組織の構築には至らず、ドイツやハンガリーでは革命に失敗していた。そのため、大正九年（一九二〇年）、「活動の重要拠点を植民地や中国大陸に移す」という路線変更を行って、コミンテルンの丸抱えの援助で、大正十年（一九二一年）七月に、支那共産党が作られ、また、支那共産党の下に、大正十一年（一九二二年）七月、日本共産党が作られた。

（以上Ⓦ参照）このため、日本共産党は支那共産党の指揮下にあった。

欧州で殆ど共産主義革命が成功しなかったのは、有史以来、欧州では隣国との戦いが頻発しており、周囲の敵国からの工作員の潜入は極当たり前の事で、警察や情報機関は工作員の摘発に慣れていた、からであろう。それに比べて、歴史的、地理的な理由から、日本やアメリカの警察や情報機関は工作員の摘発に慣れていなかった。日露戦争で欧州列強を驚かせた明石大佐のロシアに対する秘密工作も、非薩長閥出身の若い将校達に警戒されて、忘れ去られていた。

最高指導者ヨシフ・スターリン

大正十一年（一九二二年）四月、最高指導者レーニンはヨシフ・スターリンをソビエト連邦共産党書記長に任命し、大正十三年（一九二四年）一月、レーニンが死去した。レーニンの死後、スターリンは世界同時革命論をとるレフ・トロツキーらとの主導権争いに勝利し、彼等とスターリンの古参・同僚達の多くを排除して、一九二九年までに独裁権力を確立した。

トロツキーは、ナポレオンに似て戦争が上手で、部下に慕われる、一種の天才であり、干渉戦争で連戦連勝するが、スターリンの謀略に敗れ、メキシコに亡命し、最後はスターリンの刺客に暗殺された。スターリンではなくトロツキーが権力を握ったら、もっと違ったソ連を作ったかも知れない、といわれる。

この後、十年間、社会主義国家の建設を目指して、工業化と農業の集団化を推し進め、この間、この政策と彼の独裁に反対ないし批判的な膨大な人々を厳しく処罰し、粛清して、彼への個人崇拝を強めていった。これによる死者数は約百万人〜一千万人と言われる。（以上三節⑦⑬Ⓦ参照）悪魔の方法論で建国された共産主義国家は、悪魔の国になったのである。

＊＊＊＊＊＊＊＊＊＊＊＊＊＊＊

関東大震災

大正十二年（一九二三年）九月、「関東大震災」が起こった。

東京や横浜など関東一円では、震災による建物倒壊と火災で、多くの民家や建造物が焼失した。東京では、市街地の約四十四パーセントが焼失した。死者・行方不明者は合わせて十万人を超えた。これは日露戦争の戦死者を上回る数である。これによる経済的損失は、当時の国家予算の約三倍に上る膨大なものであった。

なお、震災直後、流言飛語やデマが原因で、日本人自警団が多数の朝鮮人を虐殺したと言われているが、この話は誇張である。一部の朝鮮人が殺人・暴行・放火・略奪を行った事は事実である。中にはテロリストグループによる犯行もあった。司法省の記録では、自警団に殺された朝鮮人犠牲者は二百三十三人である。（以上二節⑬参照）

昭和天皇即位

大正十五年（一九二六年）十二月、大正天皇が崩御し、昭和天皇が即位した。

＊＊＊＊＊＊＊＊＊＊＊＊＊＊

第一次国共合作

大正十年（一九二一年）七月にソ連とコミンテルンの指導によって結成された支那共産党は、最初は蔣介石の率いる国民党と協力していた。これが「第一次国共合作」である。なお、これら二党は十近くある軍閥の一つにすぎなかったので、この国を「支那」と呼ぶ事にする。

この頃、蔣介石の率いる支那国民党政権と支那共産党による反日宣伝工作が進められ、排日運動や日本人への脅迫や虐め、暴行が日常的に多数行われる様になっていた。これは「日本軍を支那の奥地深くにまで引き込んで、疲労困憊させて、敗北させろ」というレーニンとスターリンの指示によるものであった。（以上二節⑥⑬参照）

支那国共対立

こうして最初協力し合っていた両党は、やがて対立する様になり、昭和六年（一九三一年）、江西省瑞金において、「中華ソビエト共和国臨時政府」を建てた。なお、これら二つの党は十近くある軍閥の一つでしかなかった。

しかし、国民党との争いで劣勢に陥った支那共産党は、蒋介石に対して、「共通の敵である日本を倒すために、手を結ぼう」と提案したが、蒋介石は「国内の共産党を壊滅させてから、日本と戦う」という方針を変えなかった。（以上二節⑬参照）

支那共産党日本特別支部創設

日露戦争で日本が勝利して以降、日本には支那から留学生が大勢押しかけて来たが、昭和の初期頃から、日本の大学などでは、貧困問題の解決方法として、社会主義が熱心に研究されていた、そして、同じ問題を抱える支那人留学生達も自然に社会主義に熱中する様になり、自然に社会主義は日本から支那へと伝わっていった。そのために、支那のインテリ層には急速に社会主義が広まり、その考え方に類似した支那共産党に入党する者も少なくなかった。

この留学生の流れを伝って、共産主義が日本にも伝わって来て、コミンテルンの命令により、昭和三年（一九二八年）、支那共産党日本特別支部が作られた。日本特別支部の莫大な活動資金は留学生が運んできた。日本の特高警察は留学生には甘いので、このルートは安全であった。

支那共産党日本特別支部に所属した支那人留学生達は、同じ留学生達を支那共産党の活動に引き込むだけではなく、日本共産党や労働組合との連携を強め、活動資金も渡していた。しかも、その工作は日本の陸・海軍や満州鉄道（満鉄）なども対象としていた。この後に日本陸軍への資金提供がはじまり、昭和十年（一九三五年）には軍務局長永田鉄山にもそれが渡っていた様である。（以上三節③⑬参照）

＊＊＊＊＊＊＊＊＊＊＊＊＊＊

世界恐慌

昭和四年（一九二九年）十月、アメリカのニューヨーク株式市場が大暴落したことをきっかけに、多くの会社や銀行が倒産し、その衝撃は数日で世界に広がった。日本経済はアメリカへの輸出に頼る部分が大きかったため、多くの企業が倒産した。これは経済をそれほど知らない政治家が、第一次世界大戦の間に停止していた金本位制を、機械的に復活したために起きたデフレ不况であった。しかし、それを見極め、適切に対処出来る政治家がいなかったために、世界不況はたちまち深刻化した。

金本位制は各国が保有している金に対応する通貨しか流通させられない制度であるが、第一次世界大戦の間には、戦争をするために軍需物資を大量に生産しなければならないので、膨大な通貨が必要になり、金本位制を停止して、お金を大量に刷って、市場に流通させた。しかし、大戦が終わると、なんとなく金本位制に戻さなければならない様な気になり、各国が一斉に金本位制に戻って、まだ大量に出回っていた通貨を急激に減らしたために、急激に商品の価格が下がり、同じく会社の利益も激減し、それと同時に給料も下がり、多くの国がデフレスパイラルに陥った。これを浪費が原因と考えた各国政府が、さらに通貨の流通量を絞ったために、世界的な恐慌に陥ったのである。

デフレ不況は、大規模な公共事業などで通貨の流通量を増やせば回復するのであるが、その事を知っていたのは世界でも極僅かな人だけであった。（以上三節⑬⑱参照）

＊＊＊＊＊＊＊＊＊＊＊＊＊＊

高橋是清の財政政策

概略は以下の通りである。なお、高橋是清は日露戦争の戦費の調達で功績を挙げ、その後、貴族院議員、日銀総裁、大蔵大臣となり、大正十年（一九二一年）十一月、高橋は財政手腕を買われて総理大臣になった。（以上⑬参照）

昭和金融恐慌

昭和二年（一九二七年）、三度目の大蔵大臣在任中（田中義一内閣）に起こった金融恐慌で、全国的な銀行取付騒ぎが起きた際には、支払い猶予措置（モラトリアム）を断行すると共に、片面だけ印刷した急造の二百円札を大量に発行して、銀行の店頭に積み上げさせ、預金者を安心させて、昭和金融恐慌を瞬く間に鎮静化させた。（以上⑬参照）

世界恐慌：昭和恐慌

ところが、次の浜口雄幸内閣は、経済に弱い井上大蔵大臣の下で、財政と金融の緊縮政策を進め、昭和五年（一九三〇年）一月、欧米に合わせて、金本位制への復帰を実施してしまった。このため、欧米と同様に、日本は激しいデフレとともに、空前の大不況（世界恐慌：昭和恐慌）に陥ってしまい、高橋の政策の効果は潰されてしまった。（以上⑬Ⓦ参照）

豊作飢饉

昭和五年（一九三〇年）には豊作による農作物の価格の暴落「豊作飢饉」で農家の収入が激減した上、翌昭和六年には一転、冷害による大凶作となったため、東北の農村では多くの餓死者も出、多くの娘が身売りさせられるという、悲劇的な状況になった。このため、国民の中に、政党政治そのものに対する強い不信感が育っていった。（以上Ⓦ参照）

再度金輸出再禁止（金本位制の停止）

昭和六年（一九三一年）、四度目の大蔵大臣在任中に（犬養毅内閣）、高橋は再度金

輸出再禁止（金本位制の停止）、日銀引き受けによる政府支出の増額、時局匡救事業（景気対策のための公共事業）などの政策を矢継ぎ早に打ち出し、世界のどの国よりも早くデフレから脱却させる事が出来るかと期待されたが、その結果が表れる前の、昭和七年五月（一九三二年）、犬養首相が暗殺（五・一五事件）されてしまい、また元の木阿弥であった。（以上⑬参照）

高橋是清暗殺される（二・二六事件）

高橋是清は昭和十一年（一九三六年）二月、六度目の大蔵大臣在任中に、軍事予算縮小を図ったところ、軍人達の恨みを買い、青年将校らに自宅で射殺された。（以上⑬Ⓦ参照）　金融に明るく、決断力と判断力に優れた、偉大な政治家であったが、経済学に疎い青年将校らにはただの「拝金主義者」に過ぎなかった。

＊＊＊＊＊＊＊＊＊＊＊＊＊＊＊

ブロック経済

日本政府は世界恐慌から脱出するために、金融緩和に踏み切ると共に、積極的な歳出拡大をし、農山漁村経済更生運動を興し、インドや東南アジアへと輸出を行い、欧米諸国よりも早く景気回復を成し遂げた。これに対し、欧米諸国は、「日本が輸出する安い製品は、労働者の不当に安い賃金によるもので、ソーシャル・ダンピングだ」と非難した。

また、高橋是清が金本位制を停止し、事実上の管理通貨制度に移行した事で、円相場が下落して輸出が拡大した事も、「日本がソーシャル・ダンピングをしている」という非難をさらに過熱させ、欧米諸国との経済摩擦につながった。

イギリスやアメリカやフランスは自国および植民地の経済を守るため、それぞれ「ポンド・ブロック」、「ドル・ブロック」、「フラン・ブロック」と呼ばれた経済ブロックを形成して、それ以外の国からの輸入品に高い関税を掛けた。これは「ブロック経済」と呼ばれるもので、極端な保護貿易である。これにより、輸出に頼っていた日本、ドイツ、イタリアなどは経済的な危機を迎えた。日本が満州の開拓に乗り出したのも、後に「大東亜共栄圏」を構想するのも、アジアに「円ブロック」を作ろうとする動きであった。（以上三節⑬参照）

ロンドン海軍軍縮条約

昭和五年（一九三〇年）、ロンドンで補助艦の保有量を制限する海軍軍縮会議が開かれ、日本の保有トン数はアメリカの約七割に抑えられ、日本政府は、海軍軍令部の了承を取り付けた上で、これを受け入れた。しかし、これを受け入れた浜口内閣を、一部の軍人や野党政治家が、「統帥権干犯問題」を持ち出して、激しく非難した。（以上⑬参照）

＊＊＊＊＊＊＊＊＊＊＊＊＊＊

統帥権干犯問題

「統帥権」とは、軍隊を指揮する最高権限の事である。明治憲法の第十一条には、「天皇ハ陸・海軍ヲ統帥ス」とあり、その意味するところは、憲法成立時から「政治家は、軍事を専門家である陸・海軍に任せる代わりに、軍も政治に介入しない」という事と、憲法の文言とは全く異なる解釈がされてきて、軍人には選挙権も与えられていなかった。

ところが、ロンドン海軍軍縮条約に反対する野党政治家（犬養毅、鳩山一郎など）

が、それまでの明治憲法の解釈と運用の実績を無視して、「陸海軍の兵力を決めるのは天皇であり、それを差し置いて兵力を決めたのは、天皇の統帥権と編制大権を侵すもので、憲法違反である」と言い出して、政府を批判したのである。これまでの憲法の運用の慣例によれば、この件に「統帥権」は無関係だったし、政府の条約締結は憲法に違反していなかった。（以上二節⑬参照）

しかし、犬養・鳩山ら野党政治家は「運用の実績や慣例ではなく、憲法に書いてある事には従うべきだ」と主張し、やがて一部の軍人や国民にも政府を非難する者が出てくる事を期待したのである。ここで、多くの反旧薩長閥のエリートが明治憲法の大きな欠陥に気が付いた。ちなみに、犬養も鳩山も系譜は岡山藩の藩士である。

そして、彼らは「憲法の運用の実績など、薩長閥の元老達が勝手に決めた事はどうでも良い」と考える様になっていくのである。それほど、憲法条文に書いてある事とその解釈とが余りに違い過ぎた。運用の実績が憲法と同じ力を発揮するのは、憲法や法律が国民多数に理解され、議会が十分に機能している、安定した民主主義国家でのみ可能である。しかし、当時の日本は民主主義の何たるかも良く知らず、薩長閥の寡占体制を憎む旧親徳川閥の政治家と軍人が多数台頭してきた時期であり、彼らは旧薩長閥の作った国家体制そのものを揺さぶって、主導権を奪還しようとしていた。これは国家に対する一種の反乱であった。
そして、彼らの期待通り、国会での激しい論争の最中に、昭和五年（一九三〇年）十一月、首相の浜口雄幸は右翼の直情的テロリストに銃撃されて、重傷を負い、首相を辞職し、九ヶ月後に死亡した。（以上⑬参照）
これは政党政治家の自殺行為であった。この一連の事件以降、内閣が陸・海軍に干渉出来ない空気が生まれ、陸・海軍の一部が、「憲法の欠陥」と「親補職制度」を上手く利用して、中央の指示を無視して、満州事変などの軍事行動を起こし、暴走していくことになった。
また、軍事知識が不足している、政党政治家達の台頭に危機感を持つ青年将校の間に、政策を論じるグループが生まれていった。これは軍人勅諭に違反しており、危険な兆候であった。（以上⑬参照）

明治憲法の大原則は「君臨すれども親裁せず」

大日本帝国憲法の基本原則は、「統治権は天皇が総覧するが、実際の政治は政府が行う」という事であった。それで、明治天皇は憲法制定以降は基本的に「君臨すれども親裁せず」という政治姿勢を取った。つまり、明治天皇は立憲君主であって、専制君主では無かったのである。だから、明治天皇は御前会議の場でも、基本的に閣僚達の意見を聞いているだけで、自らの意見を余り口にすることは無かった。そして、内閣の決めた事には余り異議を挟まなかった。それは維新を成功させた経験豊富な元老達が、一致協力して天皇を支えたからである。（以上⑬参照）

誰が多数の政府組機関の調整をするのか

しかし、その経験豊富な元老達がいなくなったら、誰が多数の政府機関の調整をするのか、決めていなかった。であれば、天皇が調整役をするしかないのだが、それでは「親裁」する事になってしまうし、仕事量が過大になる。それならば、各政府機関との間に天皇の補助をする新たな組織を作れば良いだろうが、明治憲法には「改正の発議は天皇だけが出来る」となっているので、昭和天皇に「憲法改正の発議をして下さい」とお願いするのは、明治天皇に不敬であるし、自分達の無能や不仲をさらけ出す事にもなるので、それも出来ない。という訳で、憲法の重大な欠陥がそのまま放置されて、昭和の日本を破滅に追い込むのである。国の機関が全く連携を欠いていて、それでいて国家の存亡をかけた戦争に突入していくのだから、結果は破滅しかない。

昭和天皇は憲法学の講話を受けていた筈ではあるが、憲法の欠陥問題については、明治天皇に対して不敬であるので、殆ど話を聞いていなかった、と思われる。

しかし、昭和初期の日本国の実情は、漫然と明治天皇の「君臨すれども親裁せず」の姿勢を真似ていればそれで良い、という状況ではもうなかった。気の毒ではあるが、誰も支えてくれる実力者がいなくなった以上、自分の地位さえ自分で守る覚悟が必要だったのである。この後、クーデターやクーデター未遂事件が連続する、昭和七年（一九三二年）前後になると、競争相手の皇道派を潰して、権力を掌握した統制派の高級将校達が天皇を半ば公然と「てんちゃん」と呼ぶようになる。これは、仮に彼らが天皇に逆らって、クーデターを起こし、強制的に天皇を替えたとしても、天皇にはそれに抵抗するために使える陸軍部隊が全く無くなった事を、意味していた。昭和天皇はその事に気付いていたのだろうか？　いや、それならば、マレー半島に上陸してから、後に僅か二ヶ月余でシンガポールを陥落させる、名将山下奉文大将を八年間も冷遇する筈が無いであろう。彼は「二・二六事件の首謀者達を武人として死なせて下さい」と御願いしただけである。それだけで、山下を長期間冷遇したのは、自分が危険な立場にいる事を全く認識していない証拠であろう。それならば、五・一五事件の首謀者をも、天皇は許さなければ良かったのである。

大蔵省と内大臣府が実務的な調整をした

しかし、そうは言っても陸軍も海軍も他の機関も予算を大蔵大臣に認めて貰わなくては動きが取れないし、またトップの人事を内大臣に認めて貰わなくては親任官や親補職などの制度も使えないので、全ての政府機関は大蔵省と内大臣府に官官接待を繰り返し、なんとか最低限の予算やトップ人事を認めて貰おうと頑張った。山本五十六や東條英機はこの官官接待に長けており、海軍や陸軍に無くてはならない人材であった、といわれる。真珠湾攻撃以前に、山本の辞表が威力を発揮したのには、こうした事情もあったのである。

しかし、それでも、こうした事務的な折衝では「アメリカと戦争するのかしないのか？」、「いつ戦争を始めて、どうなったら戦争を止めるのか？」、「ソ連とは戦争をしないのか？」、「支那とはいつまで戦争を続けるのか？」など、国家の運営に欠かせない基本方針を決める事は出来なかったので、その場しのぎの折衝に終わった。大蔵大臣や内大臣府にはそうした問題を論ずる責任も権限も無かった。ましてや、総理大臣には何の権限も無いので、誰も相談には行かなかった。だから、大東亜戦争の開戦の際にも、日露戦争の時の様に、国の滅亡の危機に備える体制も取られる事はなかった。ただ、国家総動員法により、国家が自由に国民の所有物を徴発する事が出来る様

にしただけであった。（以上二節⑱参照）

天皇機関説事件

大日本帝国憲法の解釈は、当初、東京帝大教授の穂積八束らによる天皇主権説が支配的で、藩閥政治家による専制的な支配構造を理論の面から支えた。

しかし、政党政治が始まると、明治三十三年（一九〇〇年）頃から昭和十年（一九三五年）頃まで東京帝大教授の一木喜徳郎と美濃部達吉が唱える「天皇機関説」が定説として支配的になっていた。この説は「統治権は法人たる国家に帰属する」とした国家法人説に基づき、「天皇は国家の諸機関のうち最高の地位を占めるもの」と規定する天皇機関説を唱え、天皇の神格的超越性を否定し、「国民の代表機関である議会は、内閣を通して天皇の意志を拘束しうる」と唱え、政党政治に理論的基礎を与えた。このため、天皇機関説は現実的だとして官僚達にも昭和天皇にも受け入れられていた。

ところが、統帥権問題で陸・海軍が憲法の大きな欠陥に気が付くと、彼らの一部は天皇を絶対権力者に祭り上げて、最大限に利用するために、天皇機関説を叩き潰すことにしたのであろう。そして、昭和十年（一九三五年）政党間の政争を絡めて、貴族院に於いて天皇機関説が公然と排撃され、さらに、美濃部は不敬罪の疑いで取り調べを受け（起訴猶予）、貴族院議員を辞職した。美濃部の著書三冊も、出版法違反として発禁処分となった。そして、当時の岡田内閣は、同年八月に「天皇が統治執行機関だという思想は、国体の間違った捉え方だ」、「統治権は天皇に存する」とする国体明徴声明を出して、天皇機関説を公式に排除し、その教授も禁じた。また、最初に戻ったのである。ちなみに、昭和天皇はこの決定に不満であった、といわれるが、残念ながら公式には何も発言しなかった。（以上三節Ⓦ参照）

＊＊＊＊＊＊＊＊＊＊＊＊＊＊＊

満州の発展

日露戦争でロシアを満州から追い出して以降、日本は満州鉄道（満鉄）を始めとする大規模な投資により、満州のインフラを整え、産業を興してきた。そのお蔭で満州は大発展したので、満州人だけでは労働力が足りなくなっていた。この頃、清国では戦乱が相次ぎ、日本は満州の治安を守るために、関東軍を置いて、戦乱の波及を防いだのである。そのため、治安の悪い清国から大量の難民が押し寄せることとなった。

そして、日露戦争が始まった明治三十七年（一九〇四年）頃に約一千万人だった満州の人口は、二十数年の間に三千万人に増えていた。

元馬賊だった張作霖は権謀術数にたけた人物で、日露戦争後に日本の関東軍と手を結び、軍閥を組織して満州を実効支配し、徴収した金を全て自分のものとしていた。当初、張と関東軍の関係は良好だったが、大正の末頃から、物資の買い占め、紙幣の乱発、増税など行い、関東軍と利害が対立する様になっていた。さらに、欧米の資本を入れて、日本の南満州鉄道（満鉄）と並行する鉄道（第二満鉄）を敷設した事で、両者の衝突は避けられなくなった。満鉄は鉄道事業が中心であるが、満州全域に広範な事業を展開し、日本軍による満州経営の中核となっていた会社なので、関東軍としても見過ごす訳にはいかなかったのである。（以上⑬参照）

南京事件は四回あった

同じ頃、支那では、蔣介石の率いる支那国民党政権と支那共産党による反日宣伝工作が進められ、排日運動や日本人への脅迫や虐め、暴行などが、日常的に多数行われる様になってきた。代表的な事件は「第一～二次南京事件」である。この事件以降、満州でも、支那共産党に通じたテロ組織が、日本人居留民や入植者を標的にしたテロ事件を起こす様になった。ちなみに、「南京事件は四回あった」といわれている。その四回全部が支那の国民党軍か共産党軍による虐殺事件であった。その四回の事件の概要を以下にバラバラに、年次順に記述する。なお、「日本軍がやった」とでっち上げられた事件は、「第三回南京事件」である。そして、第一回事件が支那共産党が出来る八年も前に起こっており、しかもこれだけ手口の酷似する事件が昭和二十三年（一九四八年）六月まで続けば、誰でも普通は支那人の同一～類似犯罪犯人集団の仕業と推測するのが常識である。（以上⑬⑰参照）

第一次南京事件

大正二年（一九一三年）九月、軍閥の張勲軍が南京に乱入し、城内の民間人（日本人を含む）に対して、虐殺、強姦、略奪を行った事件である。

中華民国の大統領だった袁世凱の腹心の張勲の軍隊が、南京城内で約一ヶ月にわたり、虐殺、強姦、略奪をつくした。この事件で、支那人の市民に数千人に及ぶ死者が出た。それだけでなく、張勲の軍隊は、外国人居留区にまで侵入し、そこで日本人商店も襲撃し、少なくとも日本人十数名を虐殺し、女性を強姦し殺害した。

この時、日本国内の世論は激昂したが、支那との紛争を回避したい日本政府は、あくまで穏便にと報復措置を取らなかった。欧米諸国は外地にいる自国民保護のために、軍が即応出来る体制を取っていたが、日本政府は軍の暴走を防ぐために、勅令が無ければ軍は動けなくなっていたのである。この事は後日、支那人達を増長させ、さらに被害を増大させた。

ちなみに、この事件の主犯の張勲は事件後、功労者として江蘇都督に昇格し、次いで長江巡閲使となり、挙句の果てに、定武軍元帥にまで出世している。こんなにも支那と日本の考え方・生き方は違うのである。事実を確認もせず、日本の基準で判断してはならない。（以上四節⑯⑰参照）

第二次南京事件

昭和二年（一九二七年）三月、国民党軍が騙し討ちの様な形で南京に入り込み、城内の民間人（日本人を含む）に対して、虐殺、強姦、略奪を行った事件である。

この日の朝、国民党軍総司令の蔣介石が率いる北伐軍が南京に堂々と入城し、民衆の大歓迎を受けた後、突然「帝国主義反対」を叫んで、領事館や外国人居留地を襲撃し、各国の領事らを暴行し、略奪と破壊、強姦の限りを尽くした。この事件で、日本人一名、英国人二名、米国人一名、イタリア人一名、フランス人一名、他一名の死者が出ている。当時、外国人居留民の家屋は軒並み襲撃を受け、日本人は五百人の内二百人が生死不詳になっている。

これに対して、列強諸国は激怒し、イギリスとアメリカの艦艇は直ちに南京を砲撃したが、幣原外務大臣は報復措置を取らないばかりか、激怒する列強諸国を宥めるなど、支那国民党への協調路線を取り、被害を受けた日本人達には圧力をかけて沈黙させた。

この時、日本海軍が南京市街を砲撃しなかったことで、中国民衆は「日本の軍艦には弾丸が無い。張り子の虎だ」と嘲笑した。支那国民党がこの事件と、日本の無抵抗主義を大きく宣伝したため、これ以降、〝支那人は日本人を見下す様になった〞と言われる。事実、事件以降、中国全域で、日本人に対するテロ事件や殺人事件が急増する。（以上六節⑯⑰参照）

この様に、被害を受けた日本人居留民が領事館に訴えても、時の日本政府は「中国人と仲良くするのが何よりも大事」という外交方針を採っていたため、訴えを黙殺した。それどころか、幣原外務大臣は「日本の警官増強は日支対立を深め、ひいては日本の満蒙権益を損なう」という理由で、応援警官の引き上げを決定した。

またしても、幣原喜重郎が国際常識に反する判断をして、日本を苦境に追い込むのである。しかし、彼の判断が総理大臣の判断と合わないとしても、明治憲法下では、総理大臣には指揮権がないので、総辞職して、再度組閣するしか方法がないのである。だが、もう一度、当該総理大臣が再登板出来るかどうかは分からない。

そのため、入植者達は、満州の治安維持をしている関東軍を頼り、直接、被害を訴える様になっていく。それでも、テロ事件は収まらず、昭和五年（一九三〇年）後半だけで、八十一件、死者四十四人、怪我人数百人を数えた。この時、満州人に一番狙われたのは朝鮮人入植者であった。つい最近まで最下級の人間であった朝鮮人が、日本に併合された途端に、満州人を見下げる様な態度を取ったからである。朝鮮人は昔から厄介なトラブルメーカーであった。（以上三節⑯⑰参照）

張作霖爆殺事件

昭和三年（一九二八年）六月に、張作霖が奉天近郊で列車ごと爆殺された。事件の首謀者は関東軍参謀（河本大作大佐が自首）と言われているが、最近旧ソ連の公開された極秘文書から「スターリンの命令により、ソ連の特務機関が行った」という説も浮かび上がってきたが、決定的な証拠は未だに無い。

張作霖の後を継いだ、息子の張学良はこの後、満州に入植してきた日本人と朝鮮人の権利を侵害する様々な法律を作った。また、第二満鉄の運賃を異常に安くすることで、満鉄を経営難に陥れた。そのため、満鉄は昭和五年（一九三〇年）後半から深刻な赤字が続き、社員に千人の解雇を余儀なくされた。（以上二節⑬参照）

満州事変

「日本政府の無為無策では南満州鉄道や入植者を守れない」と判断していた関東軍は、昭和六年（一九三一年）九月、奉天（現在の瀋陽）郊外の柳条湖で南満州鉄道が爆破された事件を、中国軍の仕業であるとして、満州の治安を守るために、軍事行動を起こした。政府は不拡大方針を採ったが、総勢一万四千五百人の関東軍は、昭和七年（一九三二年）一月までの約四ヶ月間で、満州をほぼ制圧し、二六万五千人の兵を擁する張学良を追放した。

翌年、昭和七年（一九三二年）三月、関東軍主導のもと、満州は中華民国から分離され、「満州国」が建国された。国家元首には清朝最後の皇帝、愛新覚羅溥儀が就任した。

列強諸国は、「九ヶ国条約」違反だとして、日本に抗議した。しかし、この条約では、中国に満州が含まれるかどうかは曖昧にされていた。満州は古来、漢民族が実効支配した事は一度も無い。明治四十五年（一九一二年）に南京に臨時政府を建てた、孫文が「中華民国は清朝の領土を引き継ぐ」と宣言したが、これは一方的な宣言に過ぎない。中華民国の体制は非常に弱く、その支配は限定的で、満州に限らず、支那の広い版図の大半の地域に地方軍閥が割拠していた。（以上三節⑬参照）

リットン調査団

列強諸国の日本への非難に応えて、国際連盟は事件の背景を調べるために、満州にリットン調査団を派遣した。この時、調査団は「満州における日本の権益の正当性や満州に在住する日本人の権益を、中華民国が組織的に不法行為を含む行いによって脅かしている」ことを認める報告書を出している。つまり、満州事変には相応の発生理由があったと、国際的に認められた。だがその一方で、調査団は日本による満州国建国は認めず、満州は支那の領土であるとした上で、「支那には管理能力が無いので、日本に管理させた方が良い」と報告している。

リットンは日本には実を取らせ、支那には花を持たせ様とした、と考える人もいる。（以上③⑬参照）

国際連盟を脱退

ところが、この報告書を日本の新聞や雑誌は「反日文書だ」と糾弾し、煽られた世論はリットンを蛇蝎の如く嫌悪し、ポピュリズムに流された政府は国際世論への説得ではなく、リットンと国際連盟への敵視を始めた。またもや、妥協を知らない新聞や雑誌が、日本の行方を大きく狂わせたのである。こうして、日本と敵対した国際連盟総会は、満州の占領地からの日本軍撤退と、満州国国際管理を勧告し、日本はこの勧告を拒否し、昭和八年（一九三三年）三月、国際連盟を脱退した。

新聞・雑誌の煽動に負けて、政治判断を大きく誤ったのは、松岡洋右外相だけではなく、内閣全体の責任であった。民主主義制度の中では、内閣は国民の支持だけが頼みなので、それだけを重視すると、こんな事がよく起こるのである。なお、これはスターリンの指示で日本の新聞や雑誌が日本の世論を煽ったのだと思われる。愛国者を装って、敵国に都合の良い状況を作り出すマスコミ人はいつの時代も何処にでもいるものである。しかも、明治時代から、新聞は見かけ上は愛国的な反日キャンペーンを盛大に煽って、国を戦争に導くテクニックには習熟している。（以上二節⑬参照）

＊＊＊＊＊＊＊＊＊＊＊＊＊＊＊＊＊＊＊＊＊

陸・海軍への社会主義の浸透

社会主義経済を勉強するだけで、「非国民」として逮捕し断罪するばかりで、不況脱出に向けた抜本的な経済政策をとろうとしない、永遠に変わりそうもない政府の姿勢に、とうとう我慢が出来なくなった軍の若い将校達の中に「社会主義と全体主義を組み合わせた国家体制を今直ぐ取るべきだ」という考え方が大勢を占める様になっていた。そして、これを支持する高級軍官僚達の後押しで、統制派の桜会が昭和六年（一九三一年）三月と十月にクーデターを計画したが、計画がずさん過ぎて直前に中止した。しかし、これを呼び水にして、昭和七年（一九三二年）五月に五・一五事件が、また昭和十一年（一九三六年）二月に二・二六事件が起こった。五・一五事件の首謀者達は世論に押されて、軽い刑で済んだが、二・二六事件の首謀者達は、天皇の怒りに触れて、死刑を受けた。（以上③⑩参照）

これらの運動資金は支那共産党を経てソ連からもたらされた、といわれる。それも使用目的を限定しない巨額の資金で、陸軍統制派の重鎮であった永田鉄山軍務局長へも届けられた。こうして、次第に統制派は親ソ連に変質していき、日独伊三国同盟を締結した後も、この姿勢が変わる事はなかった。お金の力は強力なのである。（以上③参照）

明治維新以前を完全に否定した洗脳教育を受けて育った若者達は、「世界主義」や「社会主義」を何の抵抗も無く消化し、これを血や肉として、母国を持たないコスモポリタンになっており、国体を変える事に少しも抵抗を感じなかった。そんな事よりも、この不景気を何とかしたかったのである。しかし、その不景気をなんとか出来る高橋是清を自分達が殺してしまった事には気付かなかった。そして、自分達が引き起こした命令系統の乱れが、日本国の崩壊に繋がるかも知れない、ことにも気付かなかった。いつでも、どこの国でも、高い教育を受け、父母や先祖を侮る若者は、簡単に騙されて、家族を破滅させ、祖国を亡国に導くのである。それは、彼らが「この世は高度な理論でどうにでも変えられる」という軽薄な人生観を持っているからである。だから、横文字で書いてある屁理屈を簡単に信じ、父母や祖父母の素朴で簡明な人生観を軽蔑して、大失敗をしてしまうのである。

但し、海軍は日本にいてもほぼ閉鎖された空間にいて、一般社会との情報交流も殆ど無く、兵達は皆諦めて訓練に励んでいたので、古風な上意下達の気風が強かった。

それでも、海軍省や軍令部など、首都圏に勤務する軍人や、地方の軍港勤務の軍人にも、陸軍の知人・友人に影響されて、政治運動に参加する者も少なからずいた。しかし、当時の海軍トップには、薩長閥が多かったし、少数ながら米内光政、永野修身、山本五十六、井上成美などの親英米派が揃っていたので、陸軍統制派に完全に取り込まれる事は避けられた。（以上二節③参照＋私見）

五・一五事件の概要

昭和七年（一九三二年）五月十五日に、世界恐慌による経済苦境の中で、ロンドン海軍軍縮条約と政党政治に不満を持った、海軍の急進派青年将校らが兵士、血盟団、農民決死隊など約二十五名を率いて、クーデターが起こし、首相官邸、内大臣官邸、立憲政友会本部、日本銀行、警視庁などを襲撃して、犬養毅首相を射殺した。

軍人が共謀して首相を殺害するなど許しがたい暴挙だが、それ以上に驚くのは、当時の新聞が犯人らの減刑を訴えた事である。この報道に踊らされて、国民の間に助命嘆願運動が湧き上がり、将校らへの量刑は異常に軽いものとなった。そして、この事が陸軍将校の反乱である二・二六事件を誘発したと言われる。こうして、またもや、新聞・雑誌が政治や法律をゆがめていったのである。しいて考えれば、この助命嘆願運動も、皇道派に二・二六事件を起こさせるための、布石でなかったか?と疑われる。ソ連には「ソ連を最も警戒すべきである」と主張する、この皇道派の存在が邪魔だったのである。

事件の後、大正十三年（一九二四年）から八年間続いていた、政党内閣は終わり、選挙で選ばれた訳ではない、軍人や官僚が首相に任命される様になった。これにより、大正デモクラシーの旗印「憲政の常道」（総選挙によって組閣される）は有名無実化していく。（以上三節⑬Ⓦ参照）

二・二六事件の概要

昭和十一年（一九三六年）二月二十六日に、陸軍の皇道派の一部の青年将校達が、一千四百人の兵士を率いて、首相官邸や警視庁などを襲撃し、高橋是清大蔵大臣や斎藤実内大臣を殺害し、国会周辺を占拠した。

高橋は陸軍の予算を削ったことで、青年将校の恨みを買っていた。彼等は腐敗した政党や財閥や政府重臣を取り除き、「天皇親政」という名の軍官僚による（社会主義）独裁政治を目指していた。これは立憲君主制をうたった明治憲法を否定するものであった。

この直後、軍首脳部が部下を討つ事を躊躇したので、大日本帝国憲法を否定するテロ行為に激怒した天皇は、「自ら近衛兵を率いて鎮圧する」と強い意志を表明したので、止む無く軍首脳部は鎮圧部隊を動員し、反乱軍は三日後に鎮圧され、首謀者らは死刑となった。

また、これの将校らの背後に、彼等を煽った皇道派の高級将校らがいる事も分かっていたが、彼等は罪に問われなかった。これも前述の「親補職制度拡大」の悪弊である。しかし、彼等は通常の人事異動によって要職からは移動させられ、軍を動かす権限を失った。

ちなみに、このクーデター失敗により、昭和六年の（三月事件や十月事件などの）クーデター未遂事件の裁判で苦境に追い込まれていた、陸軍の統制派が皇道派を駆逐して、完全に権力を掌握したために、「これは統制派の謀略ではないか」という疑惑が浮かんでは消えを繰り返している。しかし、確証は未だに無い。なお、皇道派は天皇親政と対ソ警戒論を掲げる陸軍の有力な派閥であり、ソ連との協力により社会主義体制を追求する統制派とソ連には邪魔な存在であった。（以上五節⑬⑩Ⓦ参照）

共産党の宣伝ビラの文章にそっくりな決起軍の宣伝ビラ

それよりも問題なのは、この二つのクーデターの際に撒かれた宣伝ビラの文章が、一部を除いて、共産党の宣伝ビラの文章にそっくりだった事である。軍人が書いたビラだから、「天皇を殺せ」という言葉はないが、それ以外は全く同じである。これは「同一人物が書いた」とか「見本があった」というよりも、「軍人個々人がすっかり社会主義者や共産主義者と同じ考え方をする様になっていた」と考えた方が合理的である。何故なら、大不況のせいで「彼らの親族・縁族や恋人の若い女性達が、身売りをさせられて、連れて行かれた」という悲しい手紙が頻繁に故郷から来て、何とかならないかと社会主義や共産主義の話を聞き、冊子を読んでいるからである。それで、軍人の殆どはもう既に社会主義者や共産主義者になっていたのである。そして、これは皇道派の軍人も同じであった。

ただ、「共産革命を起こせば問題が全て解決する」という確証が無いので、殆どの軍人はクーデターに参加出来ないでいた。唯一の共産主義国のソ連の民衆はどんな生活をしているのか知り様がないから、殆どの軍人が一歩前に進めないのであった。皇道派の軍人達は「共産主義や社会主義は理想だが、ロシア人は大嘘つきだ」、「あいつらはまた必ず攻めてくる。それも、日本がソ連を全く警戒しなくなった時に」と考えていた。統制派の軍人達も、嫌ーな予感がするから、一歩踏み出せなかったのかも知れない。日本人はそれほど馬鹿ではない。第六感もあるのだ。七十年前の明治維新の時もそうだった。「攘夷」「攘夷」と叫んでいたのに、戦いが終わると、いつのまにか「開国」になっていた。この世は油断も隙も無いのである。（以上二節③⑬参照＋私見）

この二つのクーデターは、日本の全体主義的傾向に決定的な影響を与えた。この事件を機に、〝統制派〟と呼ばれる反米・反資本主義さらに親ソ・親社会主義傾向の強いグループが軍の主導権を握り、日本共産党の幹部・野坂参三の縁者の法制局長官の主導で、「軍部大臣現役武官制」を復活させて、軍が政治を動かす体制を作り上げたからである。これは現役の軍人だけが陸・海軍大臣になれるという制度である。

また、軍を批判するとテロの標的にされるという恐怖から、政治家は軍を批判出来なくなってしまった。そして、この事件以降、「統制派」が統制経済、言論の自由弾圧といった全体主義的な政策を推進していく、という異常事態となったのである。この頃、敵対する皇道派が無力になったので、慢心した統制派のトップの高級将校達は天皇を茶化して（陰で）「てんちゃん」と呼んではばからない様になっていた。それは、万一の場合でも、陸軍内部から統制派のクーデターを阻止する様な軍が出現する事は無くなった、ことを示唆していた。（以上二節⑬Ⓦ参照）

しかし、海軍は別であった。海軍は建軍当初から陸軍といがみ合っており、しかもこの時期に、海軍大臣の永野修身・海軍大臣間近の米内光政・海軍次官の山本五十六・井上成美らは大の英米好き・自由主義好きであったので、陸軍にとって海軍はもう一つの危険な存在であった。

明治初期生まれの彼らもすでに軍のトップにまで上り詰めていたのである。この世に生を受けてから半世紀以上が経っていた。彼らの記憶からは、両親や祖父母や兄弟達が貧窮の中で苦しんでいた光景はもうモヤの中に霞んでいたが、彼らの怨念は潜在意識の中にしっかりと根を下ろし、時折悪夢となって五十歳台の将校達を苦しめると共に、この怨念の積み重ねは、本人の顕在意識とは無関係に、強い原動力となって、将校達を動かしていたのである。（以上㉓参照）

＊＊＊＊＊＊＊＊＊＊＊＊＊＊＊＊＊＊

ファシズムの嵐

日本の政治の主導権を軍の「統制派」が握ったのと同じ頃、欧州でも全体主義の嵐が吹き荒れていた。ソ連の共産主義とドイツ、イタリアのファシズムである。

三国に共通するのは、国家全体を最優先し、個人の自由や意見は完全に否定される点であった。そのためにこの三国では、政策に反対する国民には、国家による凄まじい粛清が行われた。粛清の規模はソ連が圧倒的に大きく、最大一千万人超といわれる。また、ソ連にはレーニン、スターリン、ドイツにはヒトラー、イタリアにはムッソリーニという独裁者が現れ、国家と国民を完全に支配した。ソ連のレーニン、スターリンは暴力革命で政権を強奪したのであるが、ヒトラーのナチス党もムッソリーニのファシスタ党も、正当な選挙で政権を取ったのである。（以上二節⑬参照）

ヒトラーが再軍備と徴兵制の復活を宣言

昭和十年（一九三五年）三月、ドイツのヒトラーはベルサイユ条約を破棄し、再軍備と徴兵制の復活を宣言し、軍事大国への途を歩み出す。また、反ユダヤ主義を鮮明にし、ユダヤ民族の絶滅を計画した。政策に反対する国民は、裁判無しで収容所に送ったり、人知れず処刑したりした。（以上⑬参照）

ドイツと支那国民党の蜜月

　ドイツはまた、蒋介石の支那と手を結んでいた。当時、国際的に孤立していたドイツは、資源の安定供給を求めて支那の国民党に接近し、武器を売る代わりに、タングステンを輸入していた。それから関係が深まり、昭和八年（一九三三年）に、ドイツは軍事・経済顧問を送り込んで、中国軍を近代化させた。

　元ドイツ軍参謀総長で軍事顧問のハンス・フォン・ゼークトは、蒋介石に「日本一国だけを敵とし、他の国とは親善政策を取る事」と進言し、「今、最も中国がやるべきは、支那軍兵に対して、日本への敵愾心を養うことだ」とも提案した。これを受けて、蒋介石は対日敵視政策を取る様になる。昭和十年（一九三五年）に、支那国民党の秘密警察は親日要人へのテロ事件を起こしている。ドイツが日本を敵視したのは、第一次世界大戦で、日本に中国の租借地であった山東半島と北マリアナ諸島、パラオ、マーシャル諸島などを奪われたからである。（以上二節⑬参照）

コミンテルンと支那

　当時、上海の租界には約二万八千人の日本人が住んでいたが、コミンテルンの指示に従い、日本人を標的にしたテロ事件や挑発的行為が頻繁に起きていた。

昭和六年（一九三一年）、商社や商店、個人が受けた暴行や略奪は二百件以上、通学児童に対する暴行や嫌がらせは約七百件、殺害事件も何件も起きている。犠牲者も軍人だけでなく、托鉢僧や商社員、新聞記者など民間人が多数含まれていた。（以上二節③参照）

第一次上海事件

この様な状況を受けて、昭和七年（一九三二年）一月末から二月末までの間に、上海共同租界周辺で、日支両軍が激突した。支那側の戦死者数は約四千百人、負傷者数は約九千五百人、行方不明者数は七百五十人、日本側の死者数は約七百七十人、負傷者数は約二千三百二十人である。支那側には、この他に民間人の死者数が約六千八十人、負傷者数が二千人、行方不明者数が一万四千人いた。三月初めから停戦交渉が行われ、五月上旬には停戦協定が締結された。（以上Ⓦ参照）

ルーズベルト大統領とスターリン

世界恐慌の最中、昭和七年（一九三二年）のアメリカの大統領選挙に社会主義的なニューディール政策（政府による積極的な経済への介入）と不戦公約を掲げて出馬し、当選し、大統領になったフランクリン・ルーズベルトは、中米の内戦に介入していた海兵隊を引き上げさせ、ニューディール政策などを次々と実施したが、余り効果が上がらず、支持率も余り芳しくなかった。

また、大統領は、「ソ連は危険だ」という共和党の大反対を押し切って、昭和八年（一九三三年）十一月にソ連を国家として世界で初めて承認し、国交を樹立した。これは、アメリカの農産物の余剰問題を解決するために、食糧の不足に悩むソ連に余剰農産物を買ってもらおうと期待したのである。この期待は達成され、大統領の支持率は少し上昇した。しかし、第二次世界大戦後に抱える羽目になった「人類滅亡の恐怖」に比べると、実に下らない取引であった。アメリカはこうした目先の小さい利益に目がくらむ傾向が強い、といわれている。（以上二節Ⓦ参照＋私見）

ルーズベルト家と大統領

ルーズベルト家は先祖が清国へのアヘン貿易で栄えた一族だったので、罪の意識からか、この家系の人々は、大国のくせにゴマをするのが上手な支那人には親近感を持ち、小国でありながらゴマすりの下手な日本人には「猿のくせに生意気だ、皆殺しにしてやる」という憎しみを抱いていた。

この人種差別主義者を身近で支えていた、ホワイトハウスと国務省の補佐官や秘書官達の中に最終的に百二十七人のソ連の工作員が入り込み、大統領をスターリンの命令に沿う方向（米日・米独戦争）に誘導していった。（以上⑬⑩参照）

スターリン、アメリカへの工作開始

国交樹立を機に、スターリンはコミンテルンを通じて、アメリカに共産党を作り、これに「ソ連共産主義体験ツアー」と「反日宣伝工作」を担当させた。アメリカ共産党はアメリカの青年を大量にソ連に招待し、偽装した理想郷を体験させ、共産党員にする仕事と、アメリカに「日本の侵略に抵抗する支那人民の戦い」を支援する世論を形成して、アメリカの力で日本を抑えつけるべく、有名人を幹部に据えて「アメリカ支那人民友の会」を設立した。

このため、支那事変の開始と共に、アメリカも支那国民党に軍需物資等の援助を始める様になり、景気も徐々に上向いてきた。そして、大統領は「やはり戦争にはうまみがある」と考える様になって行く。

昭和十年（一九三五年）、第七回コミンテルン大会で、スターリンは日独と戦うために、アメリカやイギリスの資本家や社会主義者とも手を組んで、広範な人民統一戦線を構築する様に、世界各国の共産党に指示した。失業者への社会保障を訴え、指示を拡大していたアメリカ共産党は「反戦・反ファシズム・アメリカ連盟」を設立し、「教職員組合（ＡＦＴ）」や「産業別労働者組織委員会（ＣＩＯ：組合員数百五十万人）」などの労働組合や「アメリカ反戦会議」といった平和主義団体、そして宗教界、スポーツ界、芸能界などに入り込んでいった。

人民統一戦線を理論的に支えたのが、当時アメリカ最大のアジア問題のシンクタンク「太平洋問題調査会（ＩＰＲ）」であり、ここにもエドワード・カーターなどソ連の工作員が多数参加していた。ＩＰＲは急速に共産党に乗っ取られ、昭和十四年（一九三九年）以降、「日本は専制的な軍国主義国家だから戦争を起こすのだ」とする偽りの対日観に基づくアジア政策を次々と提案し、ＣＩＡも未だ無く、弱体であったアメリカ政府に多大な影響を与えた。また、「日本は世界征服を目論んでいる」とか「国家神道によって国民を洗脳している」とか「支那で南京大虐殺を行った」という様な反日パンフレットを大量に配布した。（以上四節Ⓦ参照）

＊＊＊＊＊＊＊＊＊＊＊＊＊＊＊＊＊

第二次国共合作

昭和十一年（一九三六年）十二月に、蔣介石が（日本を恨んでいた）張学良に支那共産党の討伐を命じた際に、張は突然蔣介石を裏切って、彼を監禁し（西安事件）、「国民党と共産党が組んで日本と戦う」事を蔣に約束させた。これを機に、第二次国共合作による、抗日民族統一戦線が結成される事になった。この当時、支那共産党は国民党に追い詰められて、瀕死の状態にあったが、この事件で時間稼ぎが出来て、生き延びたのである。そればかりではない、共産党はこの統一戦線の結成を利用して、支那と日本に於いて、国民党の党員とシンパを大量に共産党に引き入れた。悪事にかけては支那人には絶対にかなわない。（以上⑬Ⓦ参照）

昭和十二年（一九三七年）三月、アメリカの太平洋問題調査会の機関誌の編集長オーウェン・ラティモアとT・A・ピッソンがジャーナリストのアグネス・スメドレーと共に支那共産党の当時の本拠地「延安」を訪問し、毛沢東、周恩来らと会談した。訪問した三人もスターリンの工作員だった。その後、ラティモアらは蔣介石の国民党ではなく、支那共産党を支持する雑誌「アメラシア」を創刊した。（以上Ⓦ参照）

＊＊＊＊＊＊＊＊＊＊＊＊＊＊＊＊＊＊

近衛文麿内閣とソ連の工作員

二・二六事件の後、昭和十二年（一九三七年）六月、近衛文麿は西園寺公望に要請されて、四十五歳で総理になり、第一次近衛内閣を組閣する。間も無く、支那で盧溝橋事件が勃発して、近衛は当初、不拡大方針を採っていたが、結局、戦局を拡大し、和平工作も失敗し、昭和十四年（一九三九年）に総辞職した。

近衛の周りには、いたる所にコミンテルンのスパイや共産主義者が紛れ込んでいて、尾崎秀実やリヒャルト・ゾルゲらは、近衛のブレーンとして、政界や言論界に多大な影響を与え、支那事変の戦線拡大を煽り、日本を泥沼へと誘導していった。そして、支那事変が泥沼化すると、今度は「東亜新秩序」とか「大東亜共栄圏」などのスローガンを打ち立てて、米英との対立を煽っていった。この様に煽りつつ、彼等は政権中央で国策に関与し続けた。このため、近衛の願望は何一つ実現しなかった。

尾崎は朝日新聞の記者として世界の情報を近衛に教え、近衛の信用を勝ち取り、近衛の周辺で機密情報を収集した。一方、ゾルゲはドイツの新聞記者およびナチス党員

として日本で生活し、尾崎から情報を受け取り、これを密かにソ連に打電していた。（以上三節⑬Ⓦ参照）

日本は周囲を海に囲まれて、陸続きの隣国は無いので、工作員の摘発には慣れていなかった。江戸時代には幕府が隠密を全国に潜入させていたので、幕府も各藩も工作員の摘発のノウハウは十分に持っており、日露戦争の際には明石元二郎がロシアの周辺国の反ロシア活動を援助して、大きな貢献をしたが、日露戦争以降には、（自己保身のために？）親徳川閥の軍人達に嫌われて、このノウハウも失われていた。その上、首相のお気に入りは捜査しにくいターゲットであった。このため、二人を逮捕するまでに、大量の重要な機密情報がスターリンに渡ってしまったのである。（以上Ⓦ参照）

欧州と日本の工作員事情

欧州で殆ど共産主義革命が成功しなかったのは、有史以来、欧州では隣国との戦いが頻発していて、周囲の敵国からの工作員の潜入は極当たり前の事で、警察や軍の情報機関が工作員の摘発に慣れていた、からである。それに、欧州諸国の国民には強い愛国心があり、祖国を滅ぼそうとする人には、敏感であった。そして、その「カン」を警察や軍のエリート達も共有していた。

しかし、日本では、エリート達は欧州で流行している学問ばかり勉強して、自惚れが強く、無学な両親や先祖や民衆を軽蔑していたので、「カン」を共有出来なかった。そうして、日本のエリート達は親・兄弟や民衆を置き去りにして、勝手に暴走していくのである。（以上二節③⑬参照）

＊＊＊＊＊＊＊＊＊＊＊＊＊＊

盧溝橋事件

昭和十二年（一九三七年）七月七日、北京郊外の盧溝橋で演習していた日本軍が、国民党軍が占領している後方の陣地から、射撃を受けた事がきっかけで、日本軍と国民党軍が戦闘状態になった。ただこれは小競り合いで、四日後には現地で停戦協定が結ばれた。この射撃事件に関しては、支那共産党の劉少奇グループが支那国民党軍と日本軍の両方に銃弾を撃ち込み、戦闘を引き起こしたという説が有力である。そして、その日の内に、近衛内閣は中国大陸への派兵を決めた。（以上⑬参照）

通州事件

昭和十二年（一九三七年）七月、北京東方で「通州事件」が起きた。この事件は「冀東防共自治政府」の支那人部隊が、通州にある日本人居留地を襲い、女性や子供、老人や乳児を含む民間人二百三十人を虐殺した、残酷な事件である。その殺害方法は猟奇的で、遺体の殆どは生前に激しく傷つけられ、女性は子供から老人までほぼ全員が強姦された上、性器を著しく損壊されていた。これらの記録や写真は大量に残っている。

スターリンの命令で、支那共産党軍は、日本軍を支那大陸の奥深く引き入れ、日本を疲労困憊させて、殲滅《せんめつ》するために、日本軍と日本人の怒りを爆発させたのである。

（以上二節⑬Ⓦ参照）

＊＊＊＊＊＊＊＊＊＊＊＊＊＊＊＊＊＊＊

アメリカの反日運動

またアメリカでは、昭和十二年（一九三七年）十一月、全米二十四州に百九の支部を持ち、会員数四百万人を誇る「反戦・反ファシズム・アメリカ連盟」は全米大会を開催し、日本の支那「侵略」反対のデモや対日武器禁輸を国会に請願する活動も開始した。この運動に全米ＹＭＣＡも協力した。なお、当時のアメリカの共産党員は六万人程度だった。さらに、実働部隊として、「支那支援評議会」が設置され、大統領の兄弟や高級軍人の夫人らが要職を占めた。（以上Ⓦ参照）

これにアメリカのカソリックの宣教師達も加勢した。勤勉な日本人はカソリック教会に助けて貰わなくても生きていけるので、彼らの教会に殆ど集まって来ず、宣教師達を絶望させたのに対し、怠惰な支那人は極貧に喘いでおり、カソリック教会だけが頼りで、生きるために教会に膨大な人々が毎日押しかけ、宣教師達を喜ばせたのである。キリストの教えも日本人には独自に育てた文化があるので必要がないが、貧しい支那人には何もないので喜ばれた。そして、それで宣教師とその家族達は自然に支那人を好きになり、日本人を嫌いになっていき、その自己中心な感情を基に「日本人は神を信じない悪い奴だが、支那人は神を信じる良い人達だ」と事実でない事を説教の際に語るので、日本人には極めて不利な雰囲気が作られた。（以上⑮参照）

＊＊＊＊＊＊＊＊＊＊＊＊＊＊＊＊＊＊

第二次上海事変

昭和十二年（一九三七年）八月通州事件を知らされた日本国民と陸・海軍は激しく怒り、日本人居留地を守っていた日本軍と支那国民軍は戦闘状態に入った。ドイツの指導と武器援助を受けていた支那国民軍は屈強で、日本軍は一時思わぬ苦戦を強いられた。（以上⑬参照）

支那事変

日本が戦闘を行ったのは、そもそも自国民に対する暴挙への対抗のためであって、支那を侵略する意図は無かったのである。だが、第二次上海事変は支那の各地に飛び火し、やがて全国的な戦闘となった。装備に勝る日本軍は僅か三ヶ月で上海戦線を突破し、その年の十二月には首都南京を占領したが、蒋介石は首都を奥地の重慶に移して、抵抗した。

支那には、ドイツに代わって、ソ連とアメリカとイギリスが積極的な軍事援助を行う様になり、「援蒋ルート」を使って軍需物資などを送り続けていた。「援蒋ルート」は四本あったが、最大のものは「仏印ルート」と呼ばれるもので、ハノイと昆明を結んでいた。

後の、仏印（フランス領インドシナ）への日本軍の進駐は、この最大の援蒋ルートを塞ぐためのものであった。（以上三節⑬参照）

日本はこの戦争を「支那事変」と呼んだ。支那事変は大東亜戦争が始まるまでの四年間、両国とも宣戦布告を行わずに戦いが行われた。その理由は、「戦争」となれば、第三国に中立義務が生じ、交戦国との交易が中立義務違反になるので、両国ともそれは困る事態だったのである。（以上⑬参照）

＊＊＊＊＊＊＊＊＊＊＊＊＊＊＊＊

支那民衆を殺戮した支那軍

支那の軍隊と日本の軍隊には大きな違いがあった。それは、支那の軍隊は同胞である支那の民衆を行く先々で強奪し、また大量に虐殺したのに対し、日本の軍隊は行く先々で彼等を救済しようとした事である。

支那では伝統的に、民衆とは戦乱で虫けらの様に殺される存在であり、権力者から保護を受ける対象ではない。これは、二千年以上も、「ある時強大な武力を持つ秦や漢の様な大帝国が出来て、それが段々壊れて戦乱の時代になって、またそれを北方民族などが強大な武力で統一し、大帝国が出来る」という歴史の大サイクルを三～五回以上も繰り返しているために、民衆の大虐殺は当たり前の行為になってしまっていたからだ。民衆を殺し過ぎて、人口が減り過ぎたら、異民族の集団をリクルートしてきて、植民させるから、不安定要素が増えて、また壊れていく訳である。だから、清国の梁啓超は、支那の民衆を「戮民」（りくみん：殺戮される民）と呼んでいる。（以上二節④⑯参照）

なお、漢民族は最初の大サイクルの後期（三国時代）には、もう殆ど絶滅危惧種になっていて、今の中国人はその後に北方や西方から移動してきた異民族との混血だ、といわれている。しかも、圧倒的に異民族の方が優勢であるから、現代の中国人を、民族の名称として、「漢人」と呼ぶのは間違いである。しかし、「漢字を使う人達」という意味で「漢人」と呼ぶのは間違いではない。その際に、「随」の前の「五胡十六国」以後の征服王朝の支配階級の人々は自前の言語と文字を使っており、「漢人」は中間～下層階級であった、という事も知っておくべきである。支配階級の異民族は漢字を支配のための道具として使っただけであった。（以上④参照）

殺戮される人々

「戮民」の実例を挙げれば、例えば、「国共合作」により共産軍と組んで日本と戦いを始めた蒋介石の軍隊は、昭和十三年（一九三八年）、日本軍の進撃の道を阻もうと、黄河の堤防を爆破した。この時、大雨が降った事もあって、十一の都市と四千の村が水没し、水死者百万人、その他の被害者六百万人という大惨事になった。しかも、それだけでは終わらず、この人為的水害の結果、黄河の水路が変わり、周辺に大飢饉が起こった。そして、被災地で食糧不足に悩んだ支那軍部隊は民衆から食料の強奪を始めたため、飢饉はさらに深刻化した。その惨状を見たアメリカ人記者は「道端には凍死者と餓死者があふれ、飢えた人々は屍肉を食べていた」と報じている。支那軍側はまた、事件直後から、堤防決壊を日本軍の仕業として宣伝もしていた。しかし、支那側の自作自演は、後に外国人記者に見破られている。この堤防決壊の時、日本軍兵士は一人も死なず、堤防の爆破はただ、支那人を大量虐殺しただけに終わった。

堤防決壊の直後、日本軍は堤防の修復作業を行っただけでなく、被災した民衆の救助と、防疫作業を行った。日本軍は、支那軍から虫けらの様に扱われた支那民衆を、必死になって救済したのである。（以上二節⑯参照）

共産軍はもっとひどかった。共産軍は民衆から「共匪」すなわち共産主義の匪賊と呼ばれていた。それは、彼らが行く先々で、民衆に略奪、殺人、強姦を働いたからである。

支那の軍隊は共産軍でも国民党軍でも、ルンペンを寄せ集めた様な集団に過ぎなかった。彼らが軍隊に入ったのは、占領地区で略奪が出来るため、食いっぱぐれが無かったからである。だから、支那の司令官は、ある土地を占領すると、最低一週間は、兵士達の好きな様に略奪や強姦をさせるのが常だった。また、そうしないと、戦いの中で司令官が部下に暗殺された。（以上二節⑯参照）

支那事変に於ける戦闘は、大抵の場合、日本軍が攻めると支那軍が逃げる、という形で進んだ。だから、激戦地を除けば、支那側が宣伝するほど、日本軍に殺された支那軍の死者は多くなかった。むしろ、支那兵の死者の多くは、支那人が支那人を殺したものだった。支那の軍隊には、兵士達の背後に「督戦隊」がいたのである。督戦隊とは、背後で「敵を殺せ、殺せ」と叫びながら、兵士達を戦わせ、逃げる兵士がいると、その兵士を撃ち殺す支那兵のことである。中国史家・黄文雄によれば、支那事変時の死傷者は、日本兵によって殺された支那兵よりも、そうやって督戦隊に殺された支那兵達の方が多かったくらいだ、という。また、支那兵は負傷すると、置き去りにされた。ある戦場では、支那兵の一団が塹壕の中で、逃亡防止の鉄の鎖が着けられたまま、死んでいた。（以上⑯参照）

支那軍は略奪と破壊のみ

支那軍が通ったところは、至る所、禿鷹の大軍が通った様に略奪された。さらに彼等は、占領地域を去る時、日本軍に何も残さない様にするため、「焦土作戦」を取った。つまり、退却の度に、道路や工場、橋、灌漑施設、その他の施設を次々に破壊した。そのために、支那軍が通る所は、全てが荒廃していったのである。彼らの行動の特徴は、略奪と破壊であった。それによって支那経済は破壊され、農業も工業も壊滅的被害を受け、人民は苦しむばかりになっていた。特に悲惨だったのは、民衆の大半を占める農民達であった。支那の軍隊の関心は、権力奪取の事だけであった。支那の政権の奪取には民衆の支持は必要ないのである。（以上⑯参照）

本当の人民解放軍は日本軍だった

一方、その後にやって来た日本軍は、当初から農民達の救済と、支那経済の再建に取り組んだ。日本軍が占領した地域は、支那本土の人口の約四十パーセント、また耕地面積の五十四パーセントに及んだが、日本は直ぐにその地域での農業再建、道路や灌漑施設の復興、工場の再建などに取り組んだ。日本軍は支那の住民の救済、治安維持、戦災復興などに取り組んだので、それまで軍隊とは匪賊に過ぎないと思っていた支那の民衆は驚き、日本軍を熱烈に歓迎した。統率がとれ、略奪や悪事を働かず、民衆を救う軍隊というものを、彼等は生まれて初めて見た。本当の人民解放軍は支那軍ではなく、日本軍だったのである。

日本が占領地域で特に力を入れたのは、農民の救済だった。日本政府はすでに昭和十三年（一九三八年）に支那での農業復興の計画を発表し、実行に移している。それは、日本、満州、支那の三国が相携えて、互助関係を築くことを目的としたものである。それにより、日本の占領地域での農業は飛躍的に増大した。日本人技術家が支那農民に、日本の農業技術を提供していったからである。

日本は、農業だけでなく、軽工業、重工業などの再建にも取り組み、また、支那に鉄道を敷き、病院も建て、疫病の多かった支那の衛生事情の改善にも努めた。さらに、絶望視されていた支那の製糸業を復興させたのも、日本の対支那投資によるものである。

日本は、満州や、朝鮮、台湾などで行っていた、近代化建設事業を、支那でも、既に支那事変の最中から始めていたのである。それによって、占領地域のインフラ整備、産業の復興が行われた。

日本政府の推計によると、昭和十三年（一九三八年）から終戦の昭和二十年（一九四五年）までの日本の対支那投資の累計は、約四十七億円にも達していた。当時の日本の国家予算は約二十億円だから、それの二倍以上である。（以上六節⑯参照）

日本政府のこの性急な行動は「支那を国ごと奪おうとしている」と疑われても仕方のないものだったが、日本にはもう、支那に統一国家が出来るのを待っている時間の余裕が無かったし、また、眼の前で、支那の膨大な数の民衆の命が失われていくのを、見過ごせるだけの、心の余裕が無かったのである。

第三次南京事件

昭和十二年（一九三七年）十一月、南京に陣取った国民党軍が、日本軍が攻めて来るからと、城内で市民に虐殺、強姦、略奪を行った後に、逃走した事件である。これが日本軍の「三十万人の大虐殺事件」としてでっち上げられている。

「南京大虐殺」は日本の占領直後から、国民党が中央宣伝部を使って、盛んに宣伝した事件である。しかし、演説好きの蒋介石本人は、この南京の出身であるにも拘わらず、この虐殺事件の事は一回も発言していない。この事件を世界で最初に伝えたとされる英紙マンチェスター・ガーディアンの記者ハロルド・ティンバリーは、実は月一千ドルで雇われていた、国民党中央宣伝部顧問であった。その著書（邦訳）『外国人の見た日本軍の暴行—実録・南京大虐殺』の出版に際しては、国民党から偽情報の提供や資金援助が行われていた事が分かっている。

当時、南京には欧米諸国の外交機関も赤十字も存在しており、各国の特派員も大勢いたにも拘わらず、大虐殺があったとは世界に報じられていない。また、同じ頃の南京政府の人口調査によれば、占領される直前の南京市民は二十万人であるから、三十万人も殺せる訳が無い。そして占領の一ヶ月後の南京市民は二十五万人に増えている。日本軍が一万人も虐殺していたら、住民は殆ど逃げてしまい、住民が増える訳がない。南京市民が増えたのは、町の治安が回復されたからに外ならない。

勿論、一部で日本兵による殺人事件や強姦事件はあった。しかし、今日、世界で最も治安が良い筈の日本でも、殺人事件は年間に九百〜一千件、強姦等はそれ以上起こっている。ちなみに、アメリカでは殺人と強姦を合わせると、年間に数十万件も起こっている。

また、南京では「便衣兵」（ゲリラ）の存在もあった。軍人が民間人のふりをして日本兵を殺すケースが多々あったため、日本軍は便衣兵を見付けると処刑した。この際に、間違われて殺された民間人もいたかも知れない。

要するに、南京において、個々の犯罪例が百例、二百例あろうと、それをもって「大虐殺」があったという証拠にはならないのである。（以上五節⑰参照）

ローマ教皇は日本を支持した

しかし、支那に派遣されていた（アメリカ人を除く）カソリックの宣教師達の報告で、支那の民衆の地獄の様な実情を知っていた、当時のローマ教皇、ピウス（ピオ）十一世は、昭和十二年（一九三七年）十月、この日本の行動に理解を示し、全世界のカソリック教徒に対して、日本軍への協力を呼びかけた。教皇は「日本の行動は、侵略ではない。日本は支那を守ろうとしているのである。日本は共産主義を排除するために、戦っているのである。共産主義が存在する限り、全世界のカソリック教会、信徒は、遠慮なく日本軍に協力せよ」といった内容の声明を出している。

この声明は当時の日本でも報道された。ローマ教皇がこの様に日本の行動に賛意を表してくれた事は、欧米の誤解や反日主義に悩まされていた日本にとって、非常に嬉しい事だった。しかし、そのピウス十一世も昭和十四年（一九三九年）二月にはこの世を去ってしまい、教皇の声明は直ぐに忘れ去られた。（以上二節Ⓦ参照）

それに、アメリカの宣教師達の多くは、勤勉で独立独歩の日本人が嫌いだったので、ローマ教皇のこの声明はアメリカでは無視されてしまった。（以上⑮参照）

支那事変はソ連の謀略

ローマ教皇ピウス十一世の声明にも躊躇せず、昭和十三年（一九三八年）八月、アメリカ共産党は「日本の支那侵略に加担しないアメリカ委員会」をニューヨークで結成し、有名人を幹部に据えて、「日本の戦争犯罪に加担するアメリカ」というでっち上げのパンフレットを六万部も配布した。（以上Ⓦ参照）

昭和十三年（一九三八年）七月、若杉要ニューヨーク総領事は、こうしたアメリカ共産党の活動状況を詳細に調査して、外務大臣に報告し、警戒するよう勧告してきたが、近衛首相の周辺に尾崎秀実やゾルゲの様なソ連の工作員がいたので、この警告は無駄になった。（以上⑬参照）

支那事変は確固たる目的も計画性も戦略も無いままに行われた戦闘であった。しかも、「この戦いは現地の軍の主導で行われ、政府がそれをコントロール出来ないでいる」という異常なものであった。そこには五・一五事件や二・二六事件の影響があるのは明らかだった。（以上⑬参照）

四、第二次世界大戦の始まり

国家総動員法

昭和十三年（一九三八年）四月に近衛内閣で「国家総動員法」が成立した。これは「戦時に際して、労働力や物資割り当てなどの統制・運用を、議会の審理を経ずに、勅令で出来る様にした法律」である。具体的には、「国家は国民を自由に徴用出来、あらゆる物資や価格を統制し、言論を統制しうる」といった恐るべき法律だった。

狂気の法案は、当初政党政治家達のヤジに迎えられたが、提案者（軍官僚）の「黙れ」の一喝で、静まり、殆ど議論も無く、あっという間に成立した。これは二・二六事件の後遺症である。（以上二節⑬参照）

国家総動員法は明治憲法で保障する国民の権利・自由を国家に白紙委任する法律であり、議会を形骸化させるものであったので、憲法違反であり、国家に対するクーデターであったが、陸軍官僚が提案者であったので、誰もどうしようもなく、国家総動員法はそのまま施行された。（以上⑳参照）これで、日本もドイツやソ連と同じ全体主義国家になったのである。陸軍統制派の目指す（天皇を戴く）社会主義革命は目前であった。

日本はこの年、二年後に開催予定のオリンピックと万国博覧会を返上した。もう世界の国々と仲良くしていこうという意思が無い事を内外に宣言したに等しかった。

これに対抗して、昭和十四年（一九三九年）七月、アメリカは日本に日米通商航海条約破棄を通告し、航空機用ガソリン製造設備と技術の輸出を禁止した。（以上二節⑬参照）

ドイツの近隣国併合

昭和十三年（一九三八年）三月、ドイツがオーストリアを併合し、チェコスロバキアのズデーテン地方を要求した。チェコは拒否するが、ヒトラーは戦争をしてでも奪うと宣言する。英仏両国は、ミュンヘン会談で「チェコを犠牲にすれば戦争は回避出来る」と考え、「これが最後の領土的要求である」というヒトラーの言葉を信じて、彼の要求を受け入れた。

英仏が取った融和政策は当時、「欧州の平和を維持するための現実的で勇気ある判断」として大いに評価されたが、結果的に、ドイツに時間的、資金的な余裕を与えただけのものとなった。

ドイツはやすやすとズデーテン地方を奪った後、チェコスロバキアの制圧に乗り出す。スロバキアに独立を宣言させ、チェコをも保護下に置きながら、最終的に、昭和十四年（一九三九年）三月、軍事進攻して全土を占領した。そして、チェコ最大のシュコダ財閥の軍需工場を接収し、兵器を大量に増産すると、ソ連と「独ソ不可侵条約」を結んだ上で、昭和十四年（一九三九年）九月にポーランドに電撃的に侵攻した。おぞましい事に、ヒトラーとスターリンは事前にポーランドの分割を話し合っていたのである。

ポーランドと相互援助条約を結んでいた英仏両国は、完全に面子をつぶされ、二日後に、ドイツに宣戦布告した。ここに第二次世界大戦が始まった。（以上四節⑬参照）

ノモンハン事件

昭和十四年（一九三九年）五～九月、モンゴル人民共和国と満州国の国境紛争が拡大して、その後ろ盾であるソ連と日本が本格的な近代的戦闘を展開して、大きい損害を出し、日ソ両軍はそれぞれ敗北した、としていた。

しかし、最近公開されたソ連政府の極秘文書も含めれば、実態は総兵力は日本軍五万八千人、ソ連軍六万九千百人、モンゴル軍は八千五百七十人、戦死者は日本軍八千七百四十人、ソ連軍九千七百人、モンゴル軍二百八十人、戦傷者は日本軍八千六百六十人、ソ連軍一万五千九百五十人、モンゴル軍七百十人、不明は日本軍千二十人、戦車大破等は日本軍二十九両、ソ連軍八百両以上、モンゴル軍数十両、航空機大破等は日本軍百七十機、ソ連軍千六百七十機で、明らかに日本軍の大勝利であった。しかし、ソ連の戦争目的は日本に「負けた」と思わせ、「ソ連に侵攻しない戦略を取らせる」事であったろうから、この観点からはソ連の勝利と言える。

ソ連軍の最高指揮官はゲオルギー・ジューコフ中将であったが、晩年に「ノモンハンの戦いが最も苦しい戦いだった」と言っている。これはつい最近まで日本人が全く知らない事であった。もしこの言葉と数字を敗戦前に日本人が知っていたら、ソ連に対する戦略も大きく違うものになっていたかも知れない。（陸軍統制派はコロッと騙されたのである）

なお、日本軍の師団長は小笠原道太郎中将であったが、彼はその十年ほど前にソ連情報機関のハニートラップにかかり、ソ連のスパイになり、日本の軍事機密をソ連に大量に流していたと思われる。しかし、敗北とされていたこの戦闘の結果は、本当は日本側の大勝利であった様で、驚くばかりである。この大敗北は、スターリンが全権を掌握した後、軍人を大量に粛清したために、ソ連軍が極めて弱体化していた結果であろう。この結果にスターリンは衝撃を受け、小笠原に「日本軍は敗北した」と宣伝する事を求めたのではないかと思われる。これは、日本で戦場からの「勝った、勝った」というラジオ報道を聞いていた人の日記などの内容と符合する。この頃の軍関係の報道は、ミッドウェー以降と違い、正直な報道が多かったのである。（以上四節⑬Ⓦ参照）

欧州の第二次世界大戦

第二次世界大戦の西部戦線は、ヒトラーの予想通り、英仏両軍が実際にドイツに攻め込む事はしなかったので、のどかであった。大西洋でのドイツ潜水艦による通商破壊戦の攻防はあったが、八ヶ月間、陸上での戦いは殆ど無かった。つまり、英仏両国は本心では戦争をする気が無かったのである。

この期間、ドイツ軍は主力を東部戦線に移しており、英仏両軍が西から一挙に攻め込めば、ドイツ軍は総崩れになったろう、と言われている。ドイツ軍首脳は、「フランスとの国境に大軍を配置しておくべき」と主張したが、英仏両国のそれまでの宥和的姿勢から、「戦う意思が無い」と見抜いていたヒトラーは、西部戦線をがら空きにして、主力をポーランドに集中させた。

そして、ポーランドを完全に制圧すると、今度は主力を西武戦線に移し、昭和十五年（一九四〇年）六月、フランス北端のダンケルクで、英仏軍に一気に襲いかかった。英仏両軍はあっという間に撃破され、イギリス軍は欧州から駆逐され、フランスは首都パリと国土の五分の三を占領された。それを見て、イタリアも英仏両国に宣戦布告した。（以上三節⑬参照）

日独伊三国同盟

ドイツの破竹の進撃を見た日本陸軍内にも、「バスに乗り遅れるな」との声が上がり、新聞もそれを強く支持した。そして、昭和十五年（一九四〇年）九月、近衛文麿内閣は「日独伊三国同盟」を締結した。なお、英米びいきの多い日本海軍の首脳の多くはこれに反対した。

朝日新聞はこれを一大慶事の様に報じた。しかし、ドイツは日本を憎んでいたし、同盟成立後も、ドイツは、依然として支那に軍事顧問団を送り込み、蒋介石に大量の武器を売りつけていた。それに、ヒトラーは狂人の様だったから、この同盟は、実質的には、真面目な日本に大きなメリットは無く、（独・日と戦争をしたい）ルーズベルト大統領を喜ばせただけであった。

映画にもなった様に、欧州の連合軍へ物資を運ぶ輸送船団をアメリカの駆逐艦等が囲んで守っていても、ドイツの潜水艦は魔法の様に輸送船だけを攻撃し、撃沈させて、アメリカ海軍の艦船に被害を与えなかった。これはヒトラーの厳命によるもので、ドイツは絶対にアメリカを戦争に引き込みたくなかったのである。それで、「日独伊三国同盟」締結を機に、アメリカは日本を挑発する方針に切り替えた。なお、このドイツ潜水艦の魔法も、科学技術の進歩により、使えなくなっていく。（以上三節⑬参照）

三国同盟を締結した後も、日本陸軍は親ソ連の姿勢を変えず、松岡外務大臣はドイツとソ連との仲を取り持とうとするなど、世界常識から見ればおかしな動きをした。欧州を制圧したら、ドイツがソ連に侵攻する事は世界的常識であったからである。しかし、日本陸軍は親ソ連の姿勢を変えなかった。（以上Ⓦ参照）

日本軍の仏印への進出

日本は最大の「仏印ルート」の遮断を目的に、昭和十五年（一九四〇年）九月、北部仏印（現在のベトナム北部）に軍を進出させた。これはフランスのヴィシー政権がドイツに降伏した後、ヴィシー政権と条約を結んで行ったものである。

主要な「援蒋ルート」を潰されたアメリカは、日本への敵意をあらわにし、昭和十五年（一九四〇年）九月、特殊工作機械と石油製品の輸出を制限し、さらに航空機用ガソリンと屑鉄の輸出を全面禁止した。

アメリカから「対日経済制裁」の宣告を受けた日本は、石油が禁輸された場合に備え、オランダ領インドネシアの獲得を目論んだ。当時、インドネシアはロンドンのオランダ亡命政府の統治下にあった。インドネシア攻撃に備え、昭和十六年（一九四一年）七月、日本軍はさらに南部仏印（現在のベトナム南部からカンボジア）へと進出した。

ルーズベルト政権はこれを対米戦争の準備行動と見做し、日本の在米資産凍結令を実施した。イギリスとオランダもこれに倣った。そして、同年八月、アメリカは日本への石油輸出を全面的に禁止した。

当時、日本は全石油消費量の約八割をアメリカから輸入していた。それを止められるという事は、息の根を止められるのと同じだった。しかも、この時、日本の石油備蓄量は約半年分だったと言われている。日本は必死で戦争回避の道を探るが、ルーズベルトは妥協する積りは無かった。（以上五節⑬Ⓦ参照）

ルーズベルト大統領は「本土を攻撃されない限り、戦争はしない」と公約した

昭和十五年（一九四〇年）の大統領選挙戦では、彼は「自分が選ばれれば、本土を攻撃されない限り、外国との戦争はしない」という公約を掲げて当選していただけに、アメリカから戦争を始める訳にはいかなかった。しかし、アメリカの景気を大幅に浮揚させ、支持率を高止まりさせるには、戦争による景気の浮揚が必要だった。それで彼は日本と交渉をする積りは全くなかった。それでも、日本が仕掛けてこない場合には、「密かに支那に派遣した航空機と航空義勇兵に日本の大都市を空爆させて、日本人の怒りを爆発させよう」とまで考えていたのである。後の日本陸軍の「大陸打通作戦」は、アメリカが密かに支那大陸の内陸部に作った、空軍基地を破壊するために実施したものである。（以上⑬Ⓦ参照）

日本は対米戦争を避けるべく最後まで頑張った

日本政府はそれでもアメリカとの戦争をなんとか回避しようと画策した。日本とアメリカの国力には一対十以上の差があり、アメリカと南北アメリカ大陸にはあらゆる資源があった。それで、アメリカと戦っても勝てない事は政府も軍も分かっていたのである。（以上⑬参照）

しかし、ルーズベルト大統領は絶対に日本と戦争をして、日本をこの世から殲滅する積りであった。それにも関わらず、日本は政府も軍もそれを信じられないでいたのである。

日本の新聞各紙は政府の弱腰を激しく非難した

しかし、日本の新聞各紙は政府の弱腰を激しく非難した。「国を守るために戦うのは軍人の勤めだ！」、「何のために三十年近くも無駄飯を食って来たんだ！」、「こんな時に戦わないのなら、軍隊などいらない！」などと連日言いたい放題であった。

しかし、陸・海軍は合理的精神で「アメリカとの戦争には必ず負ける」と判断していたが、安全保障上の観点から、それを分かり易く国民に説明する事は出来なかった。それはそのまま周辺国への機密の暴露になってしまうからである。だが、それは極秘にされたデータではなく、全て誰にでも入手可能な公開された統計データから組み上げた判断であった。新聞各紙は敢えてそれを無視したのである。日露戦争直後の講和条約への反発と同様であった。

満州事変以来、世界恐慌から続く大不況に起因する鬱屈を吹き飛ばそうと、日本国内では戦争を煽る記事や社説、あるいは兵士の勇ましい戦いぶりを報じる記事が紙面を賑わせていた。中には、「百人切り」などの荒唐無稽な創作記事も数多くあった。また、「婦人公論」には凛々しい関東軍司令官や将校らのグラビア写真が掲載されて、女性達の胸を熱くしていたのである。

軍が国民を煽って戦争をしたのではなく、新聞・雑誌と国民が政府と軍を煽って、戦争に追い込んだのである。報道機関は簡単に事実を逆転させて報道出来るし、自分達に不利な事は他の報道機関も報道しない。この取り決めは阿吽の呼吸で出来上がった。この問題が日露戦争以降の日本の運命を大きく左右した大問題であった。陸軍統制派はこれをも統制下におこうと考えていた。（以上⑬参照）

そして、これもスターリンの指示で行われた可能性が高い。スターリンはアメリカと日本を戦争に追い込もうと、ソ連の最高権力を掌握して以来十七年も膨大な資金を注ぎ込んできたのである。目的は当然日本列島の北半部の占領・併合である。そうすれば、ロシア帝国時代からの長年の夢「不凍港の確保」を実現出来る。

近衛内閣とゾルゲ事件

昭和十五年（一九四〇年）、近衛文麿は再度総理大臣に指名され、第二次、次いで第三次近衛内閣を組閣した。そして、同年、彼の意志に反して日独伊三国同盟を締結し、翌年には日ソ中立条約を締結した。

近衛が組閣する度に、最初は盧溝橋事件をきっかけに支那に軍を送って戦争を始め、次は「蒋介石を相手にせず」と国民党との和解の道を閉ざし、最後に日独伊三国同盟を締結するなど、戦争への道を真っ直ぐに突き進んで行くのは、スターリンのスパイの尾崎秀実やゾルゲが彼の身近にいて、彼を操っていたからである。

そして、昭和十六年（一九四一年）十月、リヒャルト・ゾルゲと尾崎秀実がスパイの罪で特高警察に逮捕され、近衛は辞職し、特高警察に厳しい取り調べを受けた。この事件で彼は有罪にはならなかったが、敗戦後、近衛は「極東国際軍事裁判（東京裁判）」で第一級戦犯として死刑の判決を受けて、刑を受ける前に服毒自殺した。（以上三節⑬参照）

こういう「ハト派」の政治家が、自分の意志に反して、戦争を引き起こしたり、戦争を拡大したりする事は、よくある事である。それは、その本人が甘い夢をみている心境にあるので、他人の甘い言葉に騙されやすいからである。タカ派の政治家の方が、甘い夢を見ないので、戦争を終わらせるのが上手な事は、世界の情勢に関心を持って見ているとよく分かる。

ゾルゲは昭和八年（一九三三年）から八年間に亘り、尾崎秀実らを使って収集した日本の最高機密をソ連のスターリンに報告していたのである。この報告で、「日本はソ連と戦争する気が無い」事がスターリンに伝わり、彼は安心してヒトラーのドイツ軍と戦う事が出来たのである。（以上⑬参照＋私見）

ドイツ軍が一斉にソ連に侵攻

昭和十六年（一九四一年）六月、ドイツ軍は突然一斉にソ連に侵攻し、昭和十八年（一九四三年）七月まではドイツ軍の激しい攻勢で、首都モスクワの陥落も目前であったが、モスクワ南方のクルスクの戦いの後は、攻守が逆転し、東欧からドイツ東部にいたる地域がソ連の占領地域となり、昭和二十年（一九四五年）五月にドイツ軍が無条件降伏した。なお、この戦争において、ソ連側の死者は兵士と民間人を併せて、二千万人～三千万人におよび、これは人類史上最大の記録になった。

この戦争が始まった事を知った松岡洋右は「日ソ中立条約を破棄して、ソ連のイルクーツクまで侵攻すべきだ」と主張したが、それまでの主張と全く異なる主張だった事と、陸軍が親ソ連だったので、誰にも相手にされなかった。しかし、今日、「日本軍が真珠湾攻撃ではなく、ソ連に侵攻して、ドイツと挟み撃ちにしていたら、アメリカは参戦出来ず、ソ連も敗北して、日本もドイツも勝利していたろう」という意見がアメリカの軍事専門家から出る様になっている。松岡洋右は支離滅裂であった様だが、天才的な感性を持っていたのである。（以上二節Ⓦ参照）

しかし、そうなっていたら、日本もドイツも社会主義・全体主義国家になっていて、自分勝手に領域内の諸民族を抑圧していたであろう。そして、半世紀も経たない内に、抑圧された諸民族が反乱を起こして、日本もドイツも崩壊したであろう。どっちにしても、物事はそう都合良くはいかない。

ハル・ノート

天皇から「対米戦争回避に力を尽くすように」と言われて、東條英機が首相に指名され、「陛下の御心は和平だー」と叫びながら参謀本部に帰って、組閣を始めた翌月、昭和十六年（一九四一年）十一月、ルーズベルト政権は日本に対して、それまでの交渉を無視するかの様に、日本に対して強硬な文書を突きつけてきた。「ハル・ノート」である。この文書の最も重要な部分は「日本は仏領インドシナと支那から全面撤退する」という項目だった。これは、勿論、ルーズベルトの側近でソ連の工作員だったハリー・ホワイトが最終的に作成したものである。

これは日本としては絶対に呑めない条件だった。この時点で、日米開戦は不可避になった。この「ハル・ノート」を見た日本軍首脳部の開戦派は「天佑」と言ったという。それまで戦争を回避したいと考えていた閣僚達も、開戦に強く反対しなくなったし、それまでアメリカとの戦争には反対だった海軍も、何故か開戦の決意を固めたのである。

とはいっても、その前日、択捉島の単冠湾から、連合艦隊の空母機動部隊がハワイに向けて出撃している。つまり、日本は戦争回避を試みながらも、戦争開始の準備も着々と進めていたのだった。（以上三節⑬参照）

「天佑」と言ったのは、これ以上世論に抵抗すると、「戦わない軍隊なんかいらない」という世論が大爆発しそうなところまで、世論が過熱していたからである。それで、アメリカとの戦争に反対だった海軍も方針を大転換するしかなかった。

「ハル・ノート」を受諾すれば日本は対米戦争をしないで済んだ?

「これは日本として絶対に呑めない条件だった。この時点で、日米開戦は不可避になった」と皆が言うが、本当だろうか？　と疑う人もいる。「ハル・ノートを受諾すれば、戦争をしないで済んだはずだ」というのである。満州の事は書いていないのだから、支那も仏領インドシナも捨てて、満州帝国と日本・朝鮮・台湾の大日本帝国だけを守れば、アメリカはそれ以上日本を追いつめる事が出来なくなった筈だ、というのである。（以上⑬参照）

しかし、フランクリン・ルーズベルト大統領の前任のハーバート・フーバー元大統領はその著書「フリーダム・ビトレイド（裏切られた自由）」の中で、「昭和十六年（一九四一年）九月の近衛首相の和平提案の条件は、満州の返還を除く、全てのアメリカの目的を達成するものであった。しかも、満州の返還ですら、交渉して議論をする余地を残していた。ルーズベルト大統領はこれをも拒絶したのである」と書いている。（以上⑮参照）

ルーズベルトはどうしても日本と戦争をして、日本人を殲滅する積りだったのである。それを察して、石油の備蓄量が半年分しか無い状態で、悠長に交渉をしている事は、日本には無理であった。

それに、日本人は議論で問題が解決出来る、とは信じていない。議論して解決方法を探っている人と、そうでない人とは、最初から分かると信じている。だから、新聞やラジオを使って、苦労して、宣伝合戦をする必要は無い、と考えているので、アメリカ政府を非難するキャンペーンを大規模に、長期間継続する事にエネルギーを費やす事は、日本人には難しいと思われる。しかも、ルーズベルトは国民や議会を騙すことなど屁とも思っていないし、国民ももう既に十分に「日本人は野蛮で下品で凶悪な人種だ」と、共産党が中心となり、約八年も、反日キャンペーンが繰り広げられてきているから、日本がハル・ノートを公開して、アメリカ政府を非難しても、簡単にはそれを信じないいし、自分達の大統領を非難したりはしない。しかも、それに必要な十分な時間はもう無かったし、現在でさえ、中国や韓国のあからさまな嘘の宣伝に手を焼いている日本なのだから無理であった。

それに、「松岡外相が日米了解案を蹴らなければ、日米交渉が秘密交渉にならず、議会の承認を得ていないハル・ノートも送られて来なかった」という主張も、そうなる様にスターリンが二重、三重に工作していたのだとすれば、どうにもならない。海軍が真珠湾攻撃をすると決断をし、アメリカを戦争に引き込む事を覚悟した以上、もう打つ手は無かったのである。（以上三節⑬参照＋私見）

軍歌「海行かば」は不安の表れ

そして、国の先行きの暗さを暗示したかのように、大東亜戦争の冒頭から、軍歌「海行かば」がＮＨＫラジオ放送で頻繁に流される様になった。「海行かば水漬く屍　山行かば草生す屍　大君の辺にこそ死なめ　かへりみはせじ」という暗い言葉を、葬式の様に暗い音楽とともに大勢で歌う軍歌は、日本国の滅亡を悼む祖霊の声の様であった。その様な音楽や歌詞を多くの日本人が好んだという事は、「その様になるのではないか」という強い不安を感じていた事を反映している。（以上Ⓦ参照＋私見）

＊＊＊＊＊＊＊＊＊＊＊＊＊＊＊

真珠湾攻撃

昭和十六年（一九四一年）十二月八日未明、ハワイに到達した空母機動部隊の空母から飛び立った日本海軍の航空隊は、オアフ島の真珠湾に停泊するアメリカ艦隊を攻撃した。日本軍は戦艦四隻を撃沈し、同二隻を大破させ、基地航空部隊をほぼ全滅させた。しかし、空母艦隊は出港していて、接触出来なかったし、陸上の燃料タンクや基地内の艦船補修設備は無傷のまま残された。これは海軍軍令部（艦隊派）が空母部隊の総司令官の南雲忠一中将（艦隊派）に「部隊の艦船をくれぐれも全部無事に連れて戻れ」と指示したから、敵の艦船を撃沈し終わると、彼はそれを最重要の命令と判断したのであろうが、この中途半端な攻撃はアメリカ太平洋艦隊の回復を大幅に早め、日本の連戦連勝は半年後のミッドウェー海戦の大敗で途絶えてしまったのである。

これについては、上位の連合艦隊司令長官の山本五十六中将（条約派）も予想はしていたが、彼も同じ「親補職」だったので、「命令をしても、南雲はやらないよ」と何の指示も説得もしなかった。彼が命令をしても、南雲中将はそれに従わなくても良いので、何の意味も無いのである。（以上二節⑬参照）

これが長い年月を掛けて彼らが育て上げてきた「親補職制度の拡大」という旧薩長閥の長老達から身を守る「防具」の成果であった。しかし、そのせいで、昭和の日本軍は誰も責任を取らない腐った組織になってしまったのである。だから、明治の日本軍と昭和の日本軍を同じ軍隊だと考えてはならないのである。

日本は卑怯な攻撃を行った？

開戦二日目、日本はアメリカとイギリスに宣戦を布告した。この時、在アメリカ日本大使館の不手際で宣戦布告が真珠湾の攻撃後になってしまい、ルーズベルト大統領はこれを利用した。彼は「ハル・ノート」の存在を隠して、「日本軍は宣戦布告無しの卑怯な攻撃を行った。パール・ハーバーを忘れるな」とアメリカ国民を煽動し、アメリカを日独伊三国との戦争に引きずり込んだ。

「ハル・ノート」の存在を知られれば、国際法上、アメリカが戦争を仕掛けた事になり、「日本の卑怯な攻撃」ではなくなるので、日本は真珠湾攻撃の前に、これを記者会見で公表すれば良かったのである。それをすれば、宣戦布告が間に合うか否か？はどうでも良かった。しかし、日本が公表をしなかったので、これはアメリカ議会にも知らされない極秘事項となった。これはアメリカ合衆国憲法に反する、重大な犯罪行為である。ルーズベルトと彼の赤い側近達はこの秘密を十二年以上にわたり守り続けた。そして、何故か日本もこの件については沈黙した。

だが、有史以来、宣戦布告をしてから戦争を行ったケースは世界的にも殆ど無い。じりじりして日本の忍耐心が切れるのを待っていたルーズベルト大統領が、この機会を使ってアメリカ国民を確実に激怒させようとして、「日本の卑怯な攻撃」という刺激的な言葉を敢えて使ったのである。（以上三節⑬参照）

日本の対欧米戦争は自衛のための戦争だった

戦後、陸軍の南西太平洋司令長官であり、日本占領軍の最高司令官でもあったダグラス・マッカーサーは、昭和二十六年（一九五一年）五月に、アメリカ上院外交合同委員会の場に於いて、「日本が戦争に突入していった動機は、大部分が安全保障の必要に迫られてのものだった」と述べている。つまり、彼は「侵略ではなく、自衛のための戦争であった」と言ったのである。それほど、彼は、当時「無理にでも日米開戦に持ち込みたい」というルーズベルトの強い意志を感じていた。なお、この発言のため、マッカーサーの人気は急落した。未だそんな言葉を歓迎する様な国内状況ではなかったのである。（以上⑬参照）

また、フランクリン・ルーズベルト大統領の前任のハーバート・フーバー元大統領も、その著書「フリーダム・ビトレイド（裏切られた自由）」の中で、「私（フーバー）はダグラス・マッカーサー大将と一九四六年五月四～六日に、数時間二人だけで話をした」。「私が、日本との戦争（の原因）は〝戦争狂〟フランクリン・ルーズベルトの欲望（戦争欲）であった、と述べたところ、ダグラス・マッカーサー大将も同意した」と書いている。（以上⑮参照）

何故真珠湾を攻めたのか？

山本五十六提督を神様の様に崇拝している人にはは申し訳ないが、そうでない人の中には「何故真珠湾を一番に攻めたのか？　アメリカを怒らせて、戦争に引きずり込んだら、必ず負けると、分かっていたのに」と疑問を抱いている人が結構いる。事実、ドイツ海軍は通商破壊作戦で、「輸送船団を取り囲んで守るアメリカ海軍の艦船を絶対に攻撃してはならない」とヒトラーから厳命されて、苦心して輸送船を攻撃していたのである。第一次世界大戦も最終段階でアメリカが参戦したので、ドイツは負けたのだ。それで、ヒトラーは絶対にアメリカと戦争をしたくなかった。それを知っているのに、山本はアメリカ本土の真珠湾を一番に攻撃した。たとえ、宣戦布告の英語化が間に合ったとしても、アメリカ政府は受け取りを故意に遅れさせて、「受け取っていない」と言い張るだろう。そんな事で引き下がるほど、アメリカは生真面目ではない。何故真珠湾なのか？「山本ら海軍首脳は日本を負けさせようとしたのか？」と疑う人もいる。「それしか方法が無かった」と言う人もいるが、そうではない。

日本は真珠湾など攻めないで、「オランダ領インドネシアの油田を取ったら、その輸送路の安全を図ると共に、インド洋のイギリス軍の港湾基地を抑えて、インドの独立戦争を煽って激化させ、インド洋からソ連への補給を止めれば、アメリカは参戦出

来ず、楽に戦争に勝てた、と主張する人もいる。（以上⑩参照）

しかも、インド洋からソ連への補給を止めるだけではなく、制御出来る様にし、それを緩めたり、閉めたりして、日本の力を見せれば、亡国の瀬戸際に追い込まれたイギリスと楽に講和出来た、と主張する人もいる。そして、チャーチルも人種差別どころではなくなって、また日英同盟が復活し、日本が三国同盟を破棄して、日本陸軍がソ連のシベリアに侵攻すると共に、イギリスがインド洋からソ連に援助物資を少しずつ送る事を黙認し、さらに日本がイギリスに空母機動部隊を派遣して、イギリス本土の防衛に協力すると、ドイツも疲弊し始めるし、ヒトラーの精神状態も崩れてきて、クーデターが起こり、穏健な軍事政権に代わる可能性が高まる……、という具合に戦争が迷走して、日本もイギリスもドイツもなんとか生き残る道が残る。そうすれば、日本も原爆投下を避けられたし、強大なソ連とアメリカの対決する危機的世界に生きる事も避けられると、良い事ずくめである。

しかし、これは一番うまくいった場合の展開で、そもそも日本陸軍が海軍の戦略に協力するとは考えられない。何故なら、昭和四年・五年の世界恐慌から、日本軍は親社会主義・親共産主義であったからである。ソ連からの巨額の秘密資金の提供もからんでいた。だから、スターリンが苦し紛れに、日本陸軍にクーデターを起こさせて、海軍の動きを抑えにかかり、その混乱の中で、日本に内戦や社会主義革命が起こる可能性も考えられるので、日本は戦争どころではなくなったかも知れない。

それに、その様な高度な戦略を採用するには、日本人は未だ未だ経験が足りなかった。

フィリピンは日本につく?

さらに、この場合、インド洋と日本の間に位置するアメリカの植民地フィリピンはどうするか? だが、それは余り難しくない。見掛けを穏便にしたいならば、フィリピンの「富裕層」はもう既にアメリカから独立の約束を得ていたから、「富裕者層」と「貧民層」の対立を利用して、周囲の制海権を押さえておいて、「貧民層」に独立義勇軍を立ち上げさせて、軍需物資の援助と軍事訓練をすると共に、アメリカに倣い、兵士も義勇兵としてもぐり込ませて、一緒に戦えば、当時の提督ダグラス・マッカーサーは一度退役していて、しかも小心だから、パニックになり、すぐに逃げて行くだろう。

アメリカ人の死者を極力抑え、さらにアメリカに帰りたい人を安全に帰す様にすれば、植民地だから、アメリカの世論を燃え上がらせ、激怒させるのは難しい。そして、「ルーズベルト大統領は、もう既に、支那に空軍と陸軍を送って、戦争を始めている」と世界中に宣伝をすれば、アメリカに「戦争反対」の抗議の声が湧き上がるだろう。また、「ハル・ノート」を公開して、ルーズベルトを非難するのも効果的であろう。時間があれば、宣伝戦も効果がある。それに、わざわざ真珠湾まで行って、空母部隊の有効性を教えてやらなければ、アメリカも空母部隊を大量に生産しはしない。

アメリカでも二正面作戦には耐えられない？

日露戦争以降、日本軍にはこれに似た素晴らしい戦略があったのだが、山本はこの美味しい戦略を捨てて、真珠湾攻撃という危険な賭けに出た。それも、海軍の大反対を自分の辞表で蹴散らして、無理強いして実現したのである。何故そんな危険な賭けに出たのか？　空母でそーっと近づいて、艦載機で突然襲って、「サンフランシスコだって攻撃出来るぞ」と驚愕させてやれば、「アメリカは恐怖で縮み上がって、暫く戦争を控える筈だ」と考えたのかも知れない。そして、欧州戦線でイギリスが危なくなったら、アメリカは必ず講和を持ちかけてくる筈だ。アメリカでも二正面作戦には耐えられない。そう考えたら、賭け好きの山本はやらないでは済まない、という説もある。しかし、そんな事であの危険な真珠湾攻撃をするだろうか？　もう、イギリスはドイツに敗れる寸前だったのだ。アメリカは真珠湾攻撃を大歓迎して、欧州戦線に参戦し、ドイツと戦争を始めるのではないか？　海軍首脳がそういう山本の推測に納得しただろうか？　大きな疑問が残る。（以上⑩参照）

イギリスに騙された？

これより現実味がある説は、イギリスが日本海軍の首脳に、「真珠湾を攻撃してアメリカを怯えさせたら、その後、イギリスが責任を持って、アメリカに妥協させ、講和をさせるから」と言って騙した、という説である。事実、イギリスは日本海軍の使っていた暗号を解読出来ていたので、山本が空母機動部隊を育てている事を知っていた筈である。陸軍と違い、海軍は同じ暗号をいつまでも使う、悪い癖があったから、暗号の解読は余り難しくない。イギリスは極秘文書を公開した事が無いので、これには全く証拠が無いが、日本海軍の首脳達にとって、イギリスは育ての親であり、しかも、かつての同盟国であるので、「日本を騙すための与太話」とは思えなかったのではないか？　それに、イギリスはもうドイツに占領される日が迫っていたので、初めから日本を騙す覚悟を決めていたのであろう。

しかし、どういう手段で両国が会話をしたのかが、全く不明である。日本海軍が暗号の更新を怠ったのはそのためだったのか？　大きな疑問である。（以上二節⑩参照＋私見）

海軍首脳は敢えてアメリカを戦争に引き込んだ

それともう一つ、米内光政も永野修身も山本五十六も井上成美も狂人の様なヒトラーが大嫌いであり、その上、ソ連の共産主義も、単純で野蛮な日本陸軍も大嫌いだった。陸軍が野蛮なのは海軍に予算を殆ど取られて「死ぬ気で突っ込む戦い方」を採るしか方法が無かったからだが、そんな事は海軍は知った事ではない。そして、海軍首脳はまた、ヒトラーの全体主義とソ連の共産主義を一緒くたにして憧れている事にも呆れており、「あいつらはみんな個人の自由を全部取り上げて、不平を言わずに、機械の様に命令通りに働き続ける、ロボットの様な国民を作ろうとしているだけだ」と見て、「我々は何としてもそれを阻止しなければならない」と考えていたと思われる。

そして、「そのためには、我々は、この地位に居続けて、体を張って、陸軍と対抗していかなければならない」、「だが、陸軍と対抗し続けても、戦争には勝てない。必ず負ける。ソ連になど負けたら、国ごと奴隷の様に扱われる。しかし、アメリカになら負けても、そんなに酷い地獄にならないで済むかも知れない」と考えていたであろう。だから、山本は、強引にアメリカを戦争に引きずり出すために、真珠湾攻撃を決断し、実行したと思われる。その目的からすれば、「石油タンク等を破壊するべきであった」などの問題は些末な事であった。

これまで提示された仮説の中で、この仮説が最も単純素朴で日本民族にぴったりの仮説だと思うがどうだろうか？　海軍首脳は最初から、「アメリカにはどうやっても負ける」と考えていて、それでも敗戦後に自由主義圏に残るために、アメリカに敢えて戦争を仕掛けたのであろう。そして、山本の予想通り、アメリカはそれを大歓迎して、イギリスを救うために欧州戦線に参戦したのである。その後は、日本海軍は三味線を弾いて、敗戦を待つだけである。

こんなことは決して誰にも話せないし、手紙にも残せない。露見すれば国家反逆罪である。山本が「もどかしい」と手紙に書いたのは、この事だったのであろう。真実に最も近いのはこんなところだったのではないだろうか？

もし、真珠湾攻撃に半分程度でも成功すれば、山本らは日本の英雄や軍神に祭り上げられるので、陸軍もテロリストも四首脳らには手を出せなくなり、彼らの敗戦計画は安泰なのである。実際に山本は開戦まで刺客に付け狙われていた。しかし、母国を敗戦に導こうと考える彼らの心境は「自己破壊衝動」以外の何物でもない。だが、アメリカへの敗戦によって、彼らの父祖や武士階級の明治政府に対する憎悪と怨念を現実化する事も出来るし、日本国民の殆どをソ連の奴隷にしないで済むので、彼らの心は正気を失うほど痛まなかったのではないだろうか？

しかし、海軍首脳に開戦劈頭の真珠湾攻撃を決断させるには、井上成美の日記にある「敗戦は亡国とは違う。古来戦いに勝って、国が滅亡した例は少なくない。逆に戦いに敗れて、興隆した国が沢山ある」という言葉が必要だったのではないか？　そう信じなければ、正気を保てないほど、彼らは苦しんだであろう。しかし、その言葉を誰が教えたのであろうか？（以上⑩参照）

こうした考え方からすれば、独ソ戦が始まった後、奇跡的に、日本陸軍がシベリア侵攻を決断したとしても、日本海軍がそれに協力したかは疑問である。彼らは国民の自由を奪う政治体制に抵抗しようとしていたのであろうから、色々な屁理屈を付けて、シベリア侵攻に反対しただろう、と思われる。その前に、ソ連がそういう提案に賛同をしそうな陸軍の高級将校を、中央から隔離させたであろう。それが、二・二六事件だったではないのだろうか？

海軍首脳の会議は阿吽の呼吸？

海軍の基本方針をどうするか？　四首脳の間でちゃんとした議論があった証拠は無い。恐らく、実際にも、その様なちゃんとした議論はしていないのだろう。海軍内にも統制派のメンバーはいたのだ。「支那戦線拡大論者でもあった米内光政が、根回して、対米主戦論者の永野修身が号令をかけた」といわれるが、この二つの政策はスターリンとルーズベルトとチャーチルがその実現を切望していた政策であった。この話が統制派の誰かの耳に入れば、大騒動になり、国家反逆罪で四人とも死刑になるし、その家族も全員厳しい取り調べを受け、その上、右翼や統制派軍人のテロで殺される可能性が高かった。だから、会話は最小限の言葉と阿吽の呼吸でやるしかなかったし、詳細は全て山本に任せた、と思われる。任せないと、長い会話と文書が必要になり、それが計画の破綻の原因になるからである。

しかも、アメリカは真珠湾攻撃に怯まず、激怒して、半年後に手持ちの空母部隊と艦載機で借りを返しに来て、ミッドウェーで日本に完勝したのである。勿論、イギリスの仲介など無かったし、その気があったとしても出番が無かった。

しかし、海軍首脳にも読み切れなかった事がある。それは、フランクリン・ルーズベルトが「戦争狂」であった事である。彼は本当に日本人を殲滅する積りであった。（以上三節⑩参照）

以上の様に、真珠湾攻撃についてはいろいろと疑惑が持ち上がっているが、有力な証拠は見つかっていない。

＊＊＊＊＊＊＊＊＊＊＊＊＊＊＊

マレー・シンガポール戦線

昭和十六年（一九四一年）十二月、台湾から海軍航空隊が出撃し、フィリピンのクラーク基地のアメリカ航空部隊を全滅させた。

さらに同日、山下奉文中将率いる日本陸軍はマレー半島に上陸し、イギリス軍を打ち破り、三日目には、海軍の航空機の攻撃で、イギリスの東洋艦隊のプリンス・オブ・ウェールズとレパルスという二隻の戦艦を沈め、自信満々だったイギリスのチャーチル首相に衝撃を与えた。なお、これらの攻撃はオランダ領インドネシアの石油を日本に運ぶ航路を安全にするために実施されたものである。

この後、山下奉文中将率いる日本陸軍はマレー半島を銀輪部隊（自転車）で高速南下し、シンガポールに向かった。ジャングルを切り開き、二百にも及ぶ橋を修理し、各地の敵の守備隊と百回にもおよぶ戦闘を繰り返しながら、僅か五十五日で、半島南端のジョホールバルに到達した。この間、仏領インドシナ（現ベトナム南部）の海軍航空隊が各地の敵軍基地を爆撃して、援護した。マレー半島作戦での日本軍の戦死者は約一千八百人、戦傷者約二千八百人、イギリス軍の損害は約二万五千人（遺棄死体約五千人、捕虜約八千人）である。

そして、半島南端からシンガポール島に渡り、翌年二月には、難攻不落と言われたイギリスのシンガポール要塞を十日足らずで陥落させ、再度チャーチル首相を驚愕させ、落胆させた。シンガポールは約八万五千人の英印兵士が守備し、日本軍は三万六千人であった。日本軍の戦死者は約一千七百人、戦傷者約三千四百人、イギリス軍の戦死者は約五千人、捕虜八万人であり、捕虜の半数はインド兵であった。（以上Ⓦ参照）

名将の作戦と指揮で緒戦は見事な勝利であった。

シンガポール華僑虐殺事件

なお、この直後、日本軍は「アヘン麻薬密売組織」と「抗日分子」の摘発を行い、数千人の華僑系住民を銃殺した、と言われる。これは辻正信中佐が監督したが、敗戦後、辻はタイから変装して逃亡し、支那を経由して、密かに日本に帰国し、友人達に匿われて、逃げ切って、東京裁判で裁かれる事は無かった。日本人には珍しく、悪知恵に長けた男であった。それで、この罪は全て山下中将に科せられたのである。（以上Ⓦ参照）

実は、東南アジアの華僑は、イギリス、フランス、オランダなどに協力して、現地人支配を代行し、甘い汁を吸っていたし、日本軍は彼らの重要な収入源であるアヘンの売買を禁止したし、華僑の子弟には共産党員が優勢であった。それで、ソ連や中国共産党の指示に従い、日本軍に反抗したのである。だから彼らは、実際上民間人ではなかった。（以上二節Ⓦ参照）

皇道派の名将　山下奉文中将

この様に山下奉文中将は柔軟に作戦を立て、果断にそれを実行する、名将であったが、「二・二六事件の青年将校達に名誉の死を与える」様に願い出た事から、昭和天皇に感情的に嫌われ、一度も御前に出る事を許されなかった。天皇のこの若気の狭量さが、天皇を「てんちゃん」と呼ぶ東條ら統制派をのさばらせる一因になった、と言われる。「では、何故、五・一五事件では青年将校達を許したのか？　それ以前にも未遂事件が多発していたのに」と山下は言いたかったのであろう。（以上Ⓦ参照）

蘭領インドネシア戦線

そして、昭和十七年（一九四二年）一月十一日、日本海軍がジャワ島を包囲すると共に、海軍航空隊の援護を受けて、今村均中将が率いる日本陸軍が、ボルネオの北部のタラカン油田からバリクパパン、パンジェルマシンと南下しつつ攻略して、昭和十七年（一九四二年）二月十四日、この戦争の主目的であった、パレンバンの油田施設に空挺部隊を投入して、その日の内にこれを占領し、艦船で上陸した兵員と武器を、車両と銀輪部隊（自転車）で素早く輸送し、油田施設を確保した。さらに、二月二十七日に連合軍と日本軍の間で、スラバヤ沖海戦が行われた。戦力はほぼ同数であったが、連合軍は連携行動に円滑さを欠き、連合軍の軽巡洋艦や駆逐艦が八隻撃沈されて、日本軍の勝利に終わった。三月一日、ジャワ島に上陸した日本軍は、首都バタビアのオランダ政府総統府も高速移動作戦で制圧する事に成功した。この作戦は、フィリピン、マレー半島攻撃の後になったために、奇襲攻撃が使えないので、敵軍の防備も厚く、海戦も激しかったが、日本軍の予想を超えた高速の展開に、全体の状況が把握出来ないため、母国の交戦規則通り止む無く連合軍は降伏した。ジャワ島作戦中の日本軍の死者約八百四十人、戦傷者約千八百人、連合軍の捕虜八万一千人である。

今村中将の指揮の特徴は、各部隊の目的地を明確にし、司令部との交信が不可能になっても困らない様に、「A部隊は真っ直ぐジャカルタの総督府に行き、一刻も早く屋上に日章旗を立てろ」などと事前に指示しておいた事である。そのため、実際に司令部が事故に遭って通信手段を失っても、各部隊は車両や銀輪部隊（自転車）で、戦闘もせずに、真っ直ぐに高速で移動し、オランダ軍の車両を追い抜いて行ったので、追い抜かれたオランダ軍はどうしたら良いのか分からず、立ち往生した、という話も残っている。攻めて来た敵軍が何もしないで追い抜いて行く、なんていう事は何処の国の軍の教科書にも書いてない。それで、全体の状況を把握出来ないまま、十日間で、約八万人の連合軍は降伏したのである。名将の作戦と指揮で、ここでも美事な勝利を勝ち取った。

なお、今村中将は占領後も、日本の「大東亜共栄圏」構想を信じていて、インドネシア人に大幅な自治を許し、彼らが豊かになる様に、様々な技術教育を惜しまなかった。そして、日本が「輸送船問題」で物資の不足に悩むようになっても、インドネシア人の生活を制限しようとしなかったために、九ヶ月後の昭和十七年（一九四二年）十一月には、ニューギニアの東方のニューブリテン島ラバウルに転任させられてしまった。

しかし、今村はラバウルでも農園や地下壕を作って、食糧生産と防備を完全にして、「一度も負けなかった将軍」といわれた。そして、敗戦まで兵と共にラバウルにおり、東京裁判のために帰国したが、部下の全員がオーストラリア軍の捕虜になっていたために、マッカーサーに頼んで部下のいるマヌス島（ニューギニア北東方の島）の刑務所に戻って行って、最後まで部下と労苦を共にした。（以上四節Ⓦ参照）

マッカーサーは今村の妻からこの申し出を受けた時、激しく感動し、「日本に来てから初めて武士に会った」と語ったといわれる。自分とは全く違う人間に初めて会って、驚愕したのであろう。刑期を満了して、無事帰国してからは、自宅の庭に独房の様な小さい建物を建てて、その中に閉じ籠り、死なせた部下達に懺悔し、その家族達の援助に軍人恩給の半分以上を使って、八十二歳でこの世を去った。

フィリピン戦線

昭和十六年（一九四一年）十二月八日、台湾から海軍航空隊が出撃し、フィリピンのクラーク基地のアメリカ航空部隊を全滅させ、続いてマニラ周辺の航空基地および海軍基地を攻撃して、アメリカの航空戦力の殆どを壊滅させた。そして、二十日に、第十四軍はフィリピン南部のダバオ攻略部隊を、大きな抵抗を受ける事も無く、上陸させ、ダバオ市を占領した。その後、ルソン島の各地に陸軍を上陸させて、現地の航空基地を確保して、航空部隊を前進させた。そして、二十二日、本間雅晴中将率いる第十四軍主力はルソン島北西岸のリンガエン湾に上陸し、一部は南東岸のラモン湾に上陸した。そして、歩兵部隊は銀輪部隊（自転車）となり、高速でマニラに向かった。マニラ市は無防備都市宣言をしていたので、昭和十七年（一九四二年）一月二日、静かに陥落した。リンガエン湾上陸からわずか十一日であった。マニラ入場を前に、本間雅晴中将は将校八百人を集め、「焼くな。犯すな。奪うな。違反した者は厳罰に処す」と一時間以上も訓示し、将校達は帰隊して、この訓示を兵達に伝えたが、将校達の中にさえこの訓示を守らなかった者がいたといわれる。本間中将が穏やかな人格者で、実戦経験も殆ど無かったので、部下に舐められていたのであろう。

ここで、参謀本部の命令により、蘭印作戦の開始が繰り上がったので、南方軍の主力と飛行集団は、未だ米比連合軍との本格的戦闘が行われてもいないのに、蘭印・ビルマ方面に移動して行った。本間中将は参謀本部がそう言うなら仕方が無いと、抗議しなかった。

ダグラス・マッカーサー率いるアメリカ・フィリピン連合軍は、全部隊をマラリア蚊の巣窟であるバターン半島に撤退し、事前に半島全体に三重に構築していた、堅固な防衛線を巧みに使って、日本軍を迎え撃った。飛行集団の殆どと強力な陸軍部隊の殆どを南方に持って行かれ、代わりに中部支那から二級の弱体師団を送り込まれた日本軍は、一月九日、この米比連合軍に攻めかかるが、多大な犠牲を出し、木村支隊（兵力五千人）は全滅し、また第六十五師団は兵力の三分の二を失い、幹部も多数が戦死した。このため、本間中将は一旦攻撃停止を命じ、南方軍および大本営に航空隊と強力な陸軍部隊を送る様に要求したが、これは彼の責任ではない。勝手に「勝負はついた」と判断して、軍を移動させた南方軍および大本営の責任である。しかし、これを何も言わずに受け入れた本間中将は、陸軍大学校をトップの成績で卒業しているが、実は実戦経験が殆ど無かった。

要求に応えて、中部支那から第四師団と永野支隊、第一砲兵隊、それに三つの航空戦隊が増強されたので、三月二十四日から航空機による爆撃を開始し、四月三日に総攻撃を開始した。この総攻撃とマラリア蚊の襲撃と長期の不眠による過労のために、米比連合軍は遂に力尽きて、四月六日に後任の司令官ウェインライト将軍が日本に降伏した。マッカーサー将軍は、停戦中の三月十一日に、魚雷艇で家族と共にコレヒドール島を脱出していたが、この「降伏」の報に断固反対し、後々まで部下を絶対に許さなかった、といわれる。総司令部の命令とは言え、事実上「敵前逃亡」をしておいて、部下には「死んでも戦え」というのはどういう神経をしているのか、本当に呆れるばかりである。

この後が大変だった。捕虜は七万六千人以上いたうえに、難民が二万六千人もいて、日本軍の想像をはるかに超えていた。そして、バターン半島はマラリア蚊の巣窟だったために、米比両軍とも兵士は皆マラリアやデング熱、赤痢に罹っており、重態の者も多かった。それをそのままにしておく訳にはいかないし、大量の車両を調達するにも多大の日数がかかるので、本間は直ちに彼等を徒歩で脱出させる事にした。四月、五月はフィリピンの真夏である。弱った捕虜、特にマラリア患者のアメリカ兵は次々に倒れ、その数は二千三百人と記録された。この日本軍によるバターン半島の捕虜の移送は、アメリカ軍によって「残虐行為」として、喧伝された。しかし、もし脱出させなければ、既に弱り切っていた捕虜は、全滅していたであろう。その意味で本間中将の処置は正しかった。「死の行進」というより、事実はむしろ「生の行進」だったのである。

日本軍の戦死者は約四千百三十人、行方不明約二百九十人、戦傷者約六千八百人、アメリカ軍の戦死者は約二万五千人、戦傷者約二万一千人、捕虜八万三千六百人であった。

敗戦後、本間中将は「バターン死の行進」の責任者ということで、マニラの軍事法廷で戦争犯罪人として死刑の判決をうけ、昭和二十二年（一九四七年）四月に銃殺された。「負ける戦争はするべきでない」という先人の言葉が身に滲みる結末である。

（以上六節Ⓦ参照）

山下大将とフィリピン戦線

シンガポール要塞攻略の後、山下奉文大将は満州に転任させられ、干されていたが、昭和十九年（一九四四年）九月二十六日、東から迫るアメリカ軍からの防衛戦に備えて、第十四方面軍司令官に任命され、フィリピンのマニラに赴任した。山下は他の戦線での戦果までほぼ正しく推測し、ルソン島決戦を進言したが、上位の南方軍総司令官が公式の報告しか採用せず、進言を受け入れてくれないので、制海権と制空権をアメリカ軍に完全に握られた中で、止む無く山下の第十四方面軍はレイテ沖海戦を戦い、輸送船の大半を撃沈され、大敗した。

この後、山下は得意の情報分析を駆使し、ルソン島のリンガエン湾でマッカーサーの率いるアメリカ陸軍を迎え撃つ事に成功したが、徐々に兵力差で圧倒され、マニラからの撤退を命令して、最終的にルソン島北部の山岳地帯へ退いての持久戦に追い込まれ、昭和二十年（一九四五年）九月一日、自ら投降した。しかし、マニラ死守に固執する海軍や大本営の反対を受け、山下の指揮を離脱した海軍防衛隊を中心にマニラの戦いが行われ、民間人約十万人が死亡した。

敗戦後、これと「シンガポール華僑虐殺事件」の責任を取らされ、山下は絞首刑の判決を受け、昭和二十一年（一九四六年）二月、刑が執行された。不運な最期であった。（以上三節Ⓦ参照）

ここでも、「負ける戦争はするべきでない」という先人の言葉が身に滲みる。

上記の、三将軍は陸軍中央では反主流派に属するので、参謀本部は露払いの積りで使ってみた様であるが、皆有能で全部成功したので、「失敗した」と悔しがった、といわれる。反主流派に恥をかかせて、それから、主流派の本命を出す積りであったが、それが出来なくなったのである。実は、上記の三将軍が反主流派だったのは、単に暗記の虫なだけの東條英機に、有能過ぎて嫌われたせいでもある。しかし、ゴマすりだけが得意な東條の取り巻きには、そんな事が分かる能力が無い。この様に、陸軍は主流派・反主流派、皇道派・統制派、社会主義派・右翼全体主義派などがいがみ合い、国のため、国民のために協力しようと呼びかける派閥が全然無かった。（以上⑩Ⓦ参照）

日本は英米列強と戦った

この戦争で日本軍が戦ったのはアジアの人々とではなく、ベトナム、カンボジア、ラオスを植民地にしていたフランスと、インドネシアを植民地にしていたオランダと、マレーシア、シンガポール、ビルマを植民地にしていたイギリスとである。アジアの人々は日本軍を解放軍として大歓迎してくれたのである。アメリカの植民地であったフィリピンでは、一握りの富裕層とアメリカとの間で一九四六年の独立が約束されて、その準備段階にあったので、富裕層には日本軍の侵攻は災厄であったが、貧民層にとっては一握りの富裕層からの搾取から逃れる最後の機会と歓迎された。しかし、マッカーサー将軍の率いるアメリカ軍がフィリピンに戻ってくると、貧民層の設立した臨時政府は売国奴として逮捕・処刑された。だが、フィリピン人は、約四十年後の一九八六年に、富裕層の代表マルコス大統領を追い出して、彼らの意思を貫いた。(以上Ⓦ参照)

****

大東亜共栄圏

欧米の政治・経済ブロックに対抗して、日本は「大東亜共栄圏」という構想を抱いていた。これは、日本を指導者として、欧米諸国をアジアから排斥し、中華民国、満州、ベトナム、タイ、マレーシア、フィリピン、インドネシア、ビルマ、インドを含む、広域の政治的・経済的な共存共栄を図る政策だった。このために、昭和十八年(一九四三年)には東京で、中華民国、満州国、インド、フィリピン、タイ、ビルマの国家的有力者を招いて、「大東亜会議」を開いている。また、実際に、同年にビルマとフィリピンの独立を承認している。しかし、日本の敗戦が近く、遅すぎた。(以上⑬参照)

輸送船問題

この緒戦の連戦連勝に大喜びの東條首相も政府も軍も、「油田を占領する事と、石油を手にする事とは同じではない」という事に気付いていなかった。強引に調達した輸送船がアメリカの潜水艦に次々と沈められて、多くの石油を海に沈めてしまったのである。それでも、海軍も陸軍も輸送船の護衛をしようとはしなかった（そんな仕事を軽蔑して、嫌がった）ので、物資不足は急速に確実に陸・海軍ばかりでなく国全体の首を絞めていった。「戦争が輸送や生産も含めた総力戦である」という概念が完全に欠如していたのだ。

日本海軍（艦隊派）は、かつて日本海海戦でバルチック艦隊を撃滅させた事によって、日露戦争に勝利した様に、「大東亜戦争もアメリカの太平洋艦隊を壊滅させれば終結する」と考えていたのだ。そのため、「艦隊決戦こそ何よりも優先される」という強い思い込みを持っていたので、輸送船の護衛などは考えてもいなかったのである。

驚くべきデータがある。公益財団法人「日本殉職船員顕彰会」の調べによれば、大東亜戦争で失われた徴用船は、商船約三千五百八十隻、機帆船二千七十隻、漁船一千六百隻、戦没した船員と漁民六万人以上にのぼり、その損耗率は何と約四十三パーセントである。これは陸軍兵士の損耗率約二十パーセント、海軍兵士の損耗率約十六パーセントをはるかに超えている。これでは「危険な仕事は民間人にやらせて、軍人は安全な場所に隠れていた」と言われても仕方無いのである。

それで、軍需物資の不足に悩む政府は、昭和十八年（一九四三年）八月、国民から不要な金属製品を回収する事を閣議で決定した。これにより国民生活は一層逼迫した。（以上四節⑬参照）

また、同じ事情から、独立させて共栄圏を構成する筈の旧植民地に対する政策も、欧米寄りな収奪型に変えざるを得なくなり、これに怒った旧植民地の人達は、日本抜きで、次々と独立の準備組織を設立する様になった。（以上Ⓦ参照）

＊＊＊＊＊＊＊＊＊＊＊＊＊＊＊

ミッドウェー海戦

真珠湾攻撃から約半年後の、昭和十七年（一九四二年）六月、連合艦隊はミッドウェー海戦で、主力空母四隻を失うという大敗を喫する。この戦いは運にも見放された面があったが、日本海軍（艦隊派）の驕りと油断が多分にあった。真珠湾攻撃では、敵航空機による攻撃を受けなかったので、「そうなった時にも知識と経験の不足な南雲司令官でもなんとかその役目をこなしてくれるだろう」と海軍軍令部（艦隊派）は甘く考えていたのだが、現実はそんなに甘くなかったのである。

しかも、南雲司令官よりも適任な者が同じ空母機動部隊の中にいたのである。それは東郷イズムを受け継いだ、山口多門と角田覚治、小沢治三郎だった。連合艦隊司令長官が山口多門で、第一航空戦隊司令官が角田覚治、第二航空戦隊司令官が小沢治三郎だったら、真珠湾攻撃で、真っ先に石油タンク、補修ドックを破壊して、それから戦艦・巡洋艦などを破壊して、帰路、ミッドウェー基地を粉砕していた筈である、といわれる。なお、小沢治三郎は、山本の下で実際に空母機動部隊を作り、育て、訓練した人物である。しかし、軍令部には「絶対に勝たなければ」という発想は無かった。その直前に、サンゴ海海戦で多大な被害を受けたにも拘わらず、である。

しかし、それは「アメリカに負けて、自由主義圏に残る」と決断した山本五十六提督の方針にも沿うものであったかも知れない。

ミッドウェー海戦での敗北以降、日本軍には負け戦が続き、亡国へと真っ直ぐに転げ落ちて行った。山本五十六提督は開戦前に「こうなったら、半年〜一年は存分に暴れてご覧に入れましょう」と言ったと言われるが、その言葉通り、わずか半年しか暴れる事は出来なかった。(以上三節⑩参照)

東郷平八郎の名声

日露戦争の研究も殆どしていないのに、日本軍には「明治の海軍よりも俺達の海軍の方がはるかに優秀だから、どんなに悪くても俺たちが負ける事は無い」という慢心があった。これは明治政府の欧化教育と艦船・武器の近代化と旧薩長閥への強い憎悪の産物であろう、と思われる。

しかも、日本海軍は日露戦争以来、この様な慢心の間違いを正してくれる筈の、本格的な戦争を三十六年間も経験していなかった。第一次世界大戦も、日本軍にとっては殆どピクニックみたいな軽い参加になった。全世界の海の航路の安全を日本だけで守ったのに、どこの国も本気で敵対して来なかったのである。「東郷平八郎の名声」が日本海軍を守ったのだ。

これに対して、アメリカ海軍の太平洋軍総司令官チェスター・ニミッツ提督は東郷平八郎元帥を神の如く崇拝し、心酔していて、みっちりと日本海海戦の研究をしていたのである。（以上⑩⑬参照＋私見）しかし、その東郷元帥は老害がひどかった。

ニミッツ少将の大抜擢

実際、ニミッツ大将は優れた実戦能力を認められ、真珠湾攻撃の後、序列二十八番目の少将から大将に大抜擢され、太平洋艦隊司令長官に就任した。また、戦時中の無線交信封止等の命令も、日本は作戦中に絶対に変更はしなかったのに対し、ニミッツ大将は必要に応じて臨機応変に変更し、ミッドウェー海戦では肉声での交信さえ許可した。「激戦の最中にこちらの情報が敵軍に筒抜けになったところで、大した問題ではない。それより、こちらの命令が部下に素早く確実に伝わり、味方を自由自在に動かす事が大事なのだ」とニミッツ大将は考えたのだ。それほどアメリカ軍は勝ちたかった。この時点で、部下達に「勝てる」という自信を持たせたかったのである。

そして、失敗の責任は厳しく追及された。ニミッツ大将の前任のハズバンド・キンメル大将は、日本軍の真珠湾攻撃で戦艦四隻を失った責任を問われ、解任されている。その後、彼の名誉回復が上下両院で採択されたが、当時の二人の大統領は署名を拒否した。（以上二節⑩参照）

日本軍の人事は硬直していた

これとは反対に、日本陸・海軍の人事は、どんな非常事態に直面していても、陸・海軍大学校卒業時の筆記試験の順位と年次に基づいて、東京の陸・海軍省人事局で厳格に行われた。それで、海軍軍令部（艦隊派）は「真珠湾攻撃を無難にこなせた」という理由で、（航空母艦と艦載機の事を殆ど知らない）南雲忠一中将を第一航空艦隊司令長官に据えたまま、ミッドウェー海域に向かわせた。そして不運も重なり、激しく変化する戦闘状況の中で、南雲司令長官の知識と経験の絶対的な不足もあり、迅速に的確な命令を発する事が出来ないまま、大敗してしまった。その上、海軍軍令部は、この後も南雲忠一中将を同じ様な最高指揮官にして使い続け、彼はこれに応えて勝利する事が多くなったが犠牲は少なくなかった。なお、彼は最後に太平洋中央軍の司令長官に任命され、サイパンに赴任した後、昭和二十年七月六日、サイパン島守備隊の玉砕時に自決してしまうのである。（以上⑩参照）

ガダルカナル島攻防戦

ミッドウェー海戦の大敗北を受けて、日本陸・海軍はガダルカナル島に前進航空基地を建設して、ソロモン諸島の制空権を確保する計画を立て、当初の兵力一千二百人ほどで工事を進めていたが、第一期滑走路建設工事完了直後の、昭和十七年（一九四二年）八月七日、航空支援を受けたアメリカ軍一万九百人が急襲して、飛行場とその周辺を占領した。島を奪われたと聞いた大本営は直ちに奪回を試みるが、アメリカ軍の兵力を二千人くらいと根拠もなく見積もり、それなら九百人ほどで勝てるだろうと、一木支隊を送り込んだ。しかし、アメリカ軍は一万三千人もいたのだ。また、日本軍が持っていない重砲などを装備していた。

アメリカ軍陣地に突撃した八百人の内七百七十七人が一夜の内に死んだ。その報を受けた大本営は、それではと今度は五千人を送り込んだ。しかし、アメリカ軍はさらに一万八千人まで増強していた。

結局、ガダルカナル島をめぐる攻防戦は半年近くに亘って行われ、日本軍は夥しい人的被害を出し、大量の航空機と艦艇を失って、敗退した。投入した兵力は日本軍約三万六千二百人、戦死者約二万二千四百九十人、アメリカ軍の兵力は約六万人、戦死者約六千八百四十人である。この島で亡くなった日本の陸軍兵の多くは餓死だった。なお、この戦いでは、世界最強の戦艦である大和と武蔵は、石油不足のために、一度も出撃していない。輸送船を護衛しなかったツケが開戦後一年も経たない内に回って来たのだ。（以上三節⑩Ⓦ参照）

この「少なく少なく軍を出していく」作戦と、「輸送船を守るなんて軍人の恥ですよね」と言いふらす作戦は、生真面目で小心な普通の人間がよくやる方法で、わざわざ工作員などを苦労して入れなくても、普通の軍人の耳に何度も吹き込めば、自然にその口からその言葉が拡散する様になり、非常に効果的に日本軍を弱らせたのである。

＊＊＊＊＊＊＊＊＊＊＊＊＊＊＊

さむらいの精神の欠如

大東亜戦争を指導したのは、大正デモクラシーを経験した近代人で、武士の精神を持ち合わせていなかったばかりか、学歴の無い者を小馬鹿にするエリート主義者ばかりで、情や徳を欠いていた。

海軍大学校や陸軍大学校をトップで出たエリートが、兵には「生きて虜囚の辱めを受けず」と教育して、肉弾戦や玉砕を命じる一方、大本営で、ポーカーでもやる様に、戦争をもて遊んだのは、彼らが、自分の責任を意識しない、高級官僚だったからである。

武士の精神を持っていたのは、山口多門や今村均、山下奉文など一握りの将官だけで、緒戦の快進撃は、全て、彼らの軍功だった。山下は積極果敢で、今村はじっくり守り勝つ、肝のすわった戦争をした。山下や今村が戦争上手だったのは、兵を大事にしたからだった。「兵を大事に使う」――それが戦争上手の全てである。

一方、牟田口康也や辻正信らのエリートは、兵を鉄砲玉くらいにしか考えていなかった。

「兵を粗末に扱えば、どんな有利な戦況でも、戦争は負ける。兵が健在なら、即ち勝ちである」が信念だった今村は、戦犯服役後、自宅の敷居を跨がず、余生を殉国勇士慰霊の行脚に捧げ、マッカーサーとチャーチルの怨念によって、作業服のまま、絞首刑に処された山下は、裁判中、徹頭徹尾、部下を庇った。（以上五節⑩参照）

なお、日本のエリート将校が「さむらい」でなかったのは明治政府の洗脳教育と欧化教育の成果であり、「兵を大切にしなかった」のもこの二つの教育が産んだ嫌日感情によるものであろうが、これは潜在意識のレベルでの現象であり、本人達は殆ど意識していなかったと思われる。さらに、その上に、彼らが合理的精神で「負ける」と判断した戦争を、世論に追い立てられて、渋々やらなければならない悔しさの表れでもあった、のであろう。一般大衆への嫌悪が下級兵士に向いたのかも知れない。それほど、この戦争は締まりの無い異様な戦争であった。

ニミッツ提督は「さむらい」だった

近現代の精神から、戦争のために生き、死んで行った、「さむらい」の精神は見えにくい。「さむらい」の精神は近現代人の理解を超えており、戦争も理性や合理を超えている。その戦争に勝つには、「さむらい」の精神を持たなければならない、という事を心得ていたのが、チェスター・ニミッツ提督であり、彼は東郷元帥を神の如く尊崇していた。ニミッツの戦略と戦術は、全て、東郷平八郎の連合艦隊から学んだものだった。ニミッツが戦争の天才と称されたのは、「さむらい」の精神を持っていたからだった。「さむらい」は兵法と戦法に優れている。兵法とは兵を大切にする方法であり、戦法とは抜け目のない狡猾さである。

ニミッツが最初にやった仕事は、ハルゼーなど十指に余る有能な海軍指揮官の抜擢だった。これで、太平洋艦隊を立て直した後、ニミッツはサンゴ海海戦に続く、ミッドウェー海戦で勝利をおさめると、マッカーサーの陸軍と連携をはかり、反攻態勢に入る。

ニミッツが、ガダルカナル島からソロモン諸島を島伝いに日本軍を撃破して、ブーゲンビル島へ迫ると、マッカーサーはニューギニアに上陸し、それぞれ補給基地を築いた。

兵站線を築くのが戦法の初歩で、それが無ければ、戦術（水陸両用作戦）や戦略（日本の防衛線の破壊）に繋がっていかない。

その後、ニミッツは中部太平洋艦隊を率いて、サイパン島へ、マッカーサーは南西太平洋方面軍＝米豪連合陸海軍を率いて、フィリピンへ向かうが、兵站線が切れていた日本軍は、戦闘に勝ちながら、飢えや病気、疲労で自滅していった。陸兵を島々に置いたまま、無益な艦隊決戦を挑む日本海軍に対して、ニミッツは、日本軍の集結地を遠巻きにして、防衛線の背後にある防備の手薄な島々を占領して、防衛線を切断する、という狡猾な戦術を取った。後に「蛙飛び作戦」と呼ばれるこの作戦で、アメリカは昭和十八年（一九四三年）末までに、南西太平洋の島々の大半を手中にする。

続く、昭和十九年（一九四四年）には、ギルバート諸島、マーシャル諸島を攻撃する。日本軍の激しい抵抗を受けるが、潜水艦で日本の輸送船を封鎖して、補給を断ち、サイパン島、グアム島、パラオ島を次々と攻略し、遂に、日本の最終防衛ラインを突破した。

ニミッツは、米海軍の太平洋方面の最高指揮官として、延べ五千隻の艦船、一万五千機の飛行機、二百万人の将兵を率いて、アメリカに勝利をもたらした。そのニミッツの戦争上手に比べて、日本軍の戦争下手は、眼を覆うばかりである。（以上六節⑩引用）

なお、日本海軍は初めから戦略上の破綻をしていた。「アメリカに負ける」という結論は揺るがなかった。日本民族の名誉を守るためにアメリカに戦争を仕掛け、民族の名誉を守るためだけに、適当に戦っていたのである。

陸軍と海軍の対立は酷かった

昭和の陸・海軍は内部の序列を重んずる余り、敵がいる事を忘れるほどであった。そして、陸軍と海軍の対立は酷かった。蘭領インドネシアの油田施設を多く押さえたのは陸軍だったが、陸軍は余り使わなかったのに、石油が足りなくて困っている海軍に、それを譲る事は殆ど無かった。それで、大量に石油を消費する戦艦「大和」も「武蔵」も戦場に出せない事が多かった。また、武器も共通の規格にしないという、世界的に不思議な事をやっていた。そして、「ミッドウェー海戦の完敗が二年間も東條首相にも知らされない」という珍事まで起こってしまうのである。ここまで来ると、「明治憲法が陸・海軍の対立をあおった」としか言い様が無い。（以上⑩参照）

日本海軍の戦争は武術の仕合の様

そして、戦意もアメリカ軍は上から下まで激しく燃え上がっているのに反し、日本軍は必要も無い規制が多過ぎるし、高級将校に必勝の熱意が無く、秋山真之中将や井上成美中将の様に、剣道の試合の様に艦隊同士の戦争をやり、魚雷があたったら、「一本取った」と、それ以上攻めないのである。それでは、日本軍と戦っても、死の恐怖がかなり減殺されて、アメリカ軍はのびのびと戦争が出来てしまう。事実、アメリカの南太平洋方面海軍司令官のハルゼーは、「日本海軍は勝ったと思ったら、さっさと引き上げて行く。決して深追いや追撃をして来ない」と言って、不思議がったという。また、草鹿参謀長は「一太刀斬りつけ、さっと引き返すのが、海戦のコツ」と言ったという。この言葉は海軍軍令部が常日頃「艦を無事に戻してくれよ。くれぐれも無理をするなよ」と言い続けているので、知恵を絞って、編み出した戦いの方法なのだろう。（以上⑩参照）

陸軍は天皇社会主義体制を目指していた

この時代には、知識人や上級軍人の殆どが社会主義統制経済にあこがれていて、敗戦の大混乱に乗じて、社会主義革命や共産主義革命が起こる可能性が大きくなっていたのである。ソ連とスターリンは人類の夢を実現したと、世界の殆ど全ての若者達の憧れだった。ドイツのナチスも元は社会主義政党だったたし、アメリカのルーズベルトのニューディール政策も社会主義的政策だったし、日本の国家総動員法も、天皇を頂いた社会主義統制経済を実現するために統制派の軍官僚達が作った法律であった。東條や近衛文麿も天皇に忠誠を誓う、いわゆる「天皇社会主義者」であった。この後、敗戦の大混乱の中で、統制派の軍人達は、ソ連軍の一部を日本に引き入れて、これの助けを借りて、武力で革命を起こして、日本を天皇社会主義体制に変えてしまおう、と考えていたのである。これが、レーニンのいう「敗戦革命」である。日本の軍国主義が神がかり的な「皇国主義」の様に見えたのは、天皇を表に立てて、君主制を擬したからであって、実態は、国家社会主義と強固な官僚体制を合体させた、左翼政権だった。

それで、近衛や陸軍の参謀本部はソ連の仲介で連合国に降伏して、ソ連式の社会主義国家を作ろうと考えて、何度も要請を送っていたのである。しかし、そんな生ぬるい、天皇社会主義体制などはスターリンが許す筈がなかった。スターリンはなんとかして日本の北半分を占領しようと考えていたので、これに返事をしないでいた。（以上二節⑩参照）皇道派はスターリンの意図を読んで、警戒していたが、統制派は何故かソ連に親近感を抱いていた。十年以上に及ぶソ連からの資金提供が、その警戒心を溶かしてしまったのであろう。

そして、何より問題だったのは、「革命を起こせば、全て解決するのか?」という問題だった。ソ連は国内の実情を全く外に晒さず、内情は極秘にされていたのである。ソ連は全体主義国家で、民衆は貧しく、圧政を受けていて、自由が全く無い、という事が分かるのは、ずっと後の事である。一番知りたい事がいつまで経っても分からないので、不安が広がっていた。

そして、この「親ソ連」こそが日本陸軍と海軍の対立する一番の原因であった。しかし、「親英米」の海軍首脳（条約派）は非常に劣勢であった。

なお、母国を得体の分からない国に従属（屈服）させようと考える陸軍統制派の心境は「自己破壊衝動」以外の何物でもない。しかし、ソ連への従属（屈服）によって、彼らの父祖や武士階級の明治政府に対する憎悪と怨念を現実化する事も出来るので、彼らの心はそれほど痛まなかったのではないだろうか?

東條首相の困惑

陸軍の場合には、予算の殆どを海軍に取られてしまうので、日露戦争で成果があった「死体の山を次々と越えて、血だらけで、ゾンビの様に突撃して行き、敵に凄まじい恐怖を与えて、敵前逃走させる」方法を使うしか無く、ここでも参謀は考える必要は無かった。有名な辻参謀の様に、死んだ積りで、兵達の先頭を切って敵陣に突撃するか、臆病に兵隊に付いて回るか、どちらかしか無い。参謀本部（陸軍）も軍令部（海軍）もアジア大陸の東縁から広大な西太平洋〜赤道直下の数百の島や密林や山に軍をばら撒いたので、考えてもどう仕様も無いのである。では、「何故そんな事をしたのか？」と問われても、そんな事になると考えて軍を派遣したのではなく、個々の要請に対応している内に、いつの間にか、軍の輸送能力をはるかに超えて、そうなっていたのである。

何しろ、東條総理さえ「最小限何処まで占領して、戦争をどうやって止めるか」を考えてはいなかった。「どうせ負けるのだから、考えても無意味だ」と考えていたのかも知れないし、「どう考えたらいいのか」分からなかったのかも知れない。何しろ、憲法上、それは陸軍の参謀本部や海軍の軍令部の仕事だったし、そのトップの総長にしても、東條に戦果を報告する義務は無かったのである。なにしろ、つい数ヶ月前まで、東條は陸軍を代表して不満を言い、総理に無理難題を突きつけていれば良かったのである。彼は総理になって初めて、軍の高級将校達が「自分達の利益しか考えない、巨大な妖怪の様なもの」になってしまっている事を知ったのだ。そして、彼は「軍や国民にその事を直接訴えて、彼等の愛国心を燃え上がらせる事が出来る」様な才能が自分に欠如している事も知っていた。もし、下手にそんな事をすれば、また「青年将校達がクーデターを起こして、自分を殺して、日本は大混乱に陥るであろう」とも考えた。「もう、このまま突っ走るしかない」と彼は考えたのであろう。

ちなみに、東條は総理になり、天皇と間近に接して、初めて天皇の威厳に打たれて、天皇に心から忠誠を誓う様になった。それで、内務大臣の権限で、特高警察は陸軍にも警戒の目を向けたので、統制派は動きにくくなり、東條は彼らから「裏切り者」扱いされる様になった、と言われる。（以上㉑参照）

＊＊＊＊＊＊＊＊＊＊＊＊＊＊＊

スターリンは「日本に革命を起こせ」と命じた

そして、ソ連のスターリンはコミンテルンやＫＧＢなどの工作員に「日本に共産主義革命が起こる様に工作しろ」と厳命を出していた。

なお、コミンテルンは、スターリンの意向で、昭和十八年（一九四三年）に突然解体されている。レーニンの作ったコミンテルンの中には、スターリンの知らない組織や人間が色々いて、不安だったのである。彼は疑い深い人間だった。その後、彼は代わりにGRUやKGBなどの秘密警察・情報機関を使った。

日本の軍人の誰がスターリンの秘密工作員だったかは、ノモンハン事件の当時の師団長小笠原道太郎中将以外は分からない様であるが、当時の陸・海軍は対立が激しく、それぞれに内部での派閥抗争が激しかったし、また無責任でバラバラの組織だったので、秘密工作員がいたとしても、比較的楽に、目立たずに、仕事が出来たであろうと考えられる。

昭和十八年（一九四三年）の時点で、日本の国内経済は既にガタガタになっており、生産力は著しく低下し、戦争の継続の見通しは立たなくなっていたが、アメリカの本格的な反攻が無いため、講和の画策もしなかった。（以上三節⑬Ⓦ参照）

アメリカは大型空母を大量に生産中だった

ただ、アメリカはその一年間休んでいた訳ではない。欧州戦線を戦いながら、日本への反攻の準備を着々と整えていたのである。

一番の武器は大型空母であった。真珠湾攻撃を見て空母の有効性を確認したアメリカは、一挙に（エセックス級）大型空母三十二隻の建造を計画し、終戦までに十八隻を就航させた。これに対し、日本が終戦までに就航させた正規空母は一隻だけであった。（以上二節⑬参照）

五、敗戦からの復活

大陸打通作戦

しかし、日本は支那大陸に限っては戦いを有利に進めていた。これは、昭和十九年（一九四四年）四～十二月に、当時支那の奥地から、日本海軍の艦船や台湾や輸送船を攻撃していた爆撃機を阻止するためと、日本の勢力下にあったフランス領インドシナへの陸路を開くために、北の黄河流域の洛陽から武漢を通り、長沙を通り、ベトナムに近い南寧付近までの大部分、南北合計約二千四百キロメートルに及ぶ距離のほぼ直線上で、日本陸軍が行った史上最大規模の作戦である。

連合軍の航空基地の占領に成功したが、連合軍が航空基地をより内陸に移動したし、作戦中にマリアナ諸島が陥落し、本土がB—二九爆撃機の作戦範囲に入ったために、戦略目的は十分に達成出来なかった。しかし、この作戦は支那大陸の作戦としては見事に完了した。だが、時期が遅すぎた。

日本側の投入総兵力は兵士五十万人、戦車八百台、騎馬七万頭である。戦死・戦病死者数は日本軍十万人、支那軍七十五万人、捕虜四万人である。(以上三節⑬Ⓦ参照)

しかし、支那大陸の奥地に引き込まれた陸軍は、どんなに元気で、機械化されていようとも、日本本国と満州・朝鮮半島の守備には全く役立たなかった。この状況はスターリンの指示の半分を満たしている。

サイパン島の陥落

昭和十九年（一九四四年）六月に行われたマリアナ沖海戦で、新型空母十五隻をずらりと揃えたアメリカの機動部隊の前に、日本の連合艦隊（空母九隻）は完敗を喫し、空母部隊を喪失した。この戦いで、大本営が掲げていた「絶対国防圏」が破られ、サイパン島が奪われた。この時、南雲忠一中将は中部太平洋艦隊司令長官としてサイパン島に着任しており、陸軍と共に二十日間も抗戦したが、守備隊は玉砕したので、南雲らも昭和二十年七月六日、自決した。島からはアメリカの大型爆撃機B―二九が直接日本を空襲する事が可能だったから、これは日本にとって危機的な事態であった。(以上⑬参照)

東條内閣の総辞職

この時、商工大臣であった岸信介は「本土爆撃が繰り返されれば、必要な軍需を生産出来ず、軍需次官としての責任を全う出来ないから、講和すべし」と東條首相に進言し、これに東條は「ならば辞職せよ」と迫ったが、岸は断固拒絶した。東條の腹心だった東京憲兵隊長が岸の私邸を訪れ、軍刀をガチャつかせて恫喝したが、岸は動じなかった。その結果、閣内不一致となり、昭和十九年七月（一九四四年）、止む無く東條内閣は総辞職した。明治憲法下では、内閣総理大臣に閣僚の罷免権は無かったのである。こんな事で辞めなければならないのだから、東條はヒトラーやスターリンとは違い、権力の弱い総理大臣であった。東條内閣の在任期間は二年十ヶ月である。

（以上⑬参照）

東條はこの時未だミッドウェー海戦の大敗を知らなかった

しかも、この時も未だ、東條は二年前のミッドウェー海戦の大敗を知らなかった。東條達自身も苦労して確立した「統帥権の独立」のせいで、総理大臣で陸軍大臣、陸軍の参謀総長で、しかも内務大臣でもある東條自身が、そんな大事な事を知らなかったのである。ミッドウェー海戦の大敗を知らない事にも気が付かないとは、一体何をしていたのか？　彼はその間に、憲兵隊や警察を使って、陸軍や海軍の動向を探り、彼に批判的な事を言う人達を取り締まる事に忙殺されていたのである。それは内務大臣の仕事ではあったし、一番危険なのは海軍であったから、当然であった。しかし、「御前会議の場でミッドウェー海戦の結果を訊くぞ」と海軍を脅せば、海軍も教えない訳にはいかないのであるが、そんな必要も感じなかった。それを重要だとは思わなかったのである。（以上Ⓦ参照＋私見）

この様に、彼は器の小さい人物であった。つまり、総理大臣の適性が無かったのである。これでは、日本を何処に導いて行けば良いか分かる筈が無い。この日本を牽引出来た筈の傑物（永田鉄山）はもう暗殺されて、この世にいなかった。もう一人の傑物（石原莞爾）は東條に嫌われて、予備役に回されて、失業状態であった。しかし、危機的な状況の当時の日本はこういう情けない状態であった。

参謀本部や大本営は敗戦を何とも感じていなかった

それは彼だけの責任ではない。軍のエリート達が今の自分達の利益だけを考えて言動を行うので、こういう事になったのである。軍隊は、究極の滅私奉公である。その軍隊の上層構造が、官僚化したところに、旧日本軍の最大の弱点があった。愛国の士はいなかった訳ではないが、彼等は非主流派で、権力から遠かった。

軍官僚のトップにいたのが、二度も三度も、戦場で同じ様な失敗を繰り返した、牟田口廉也や辻正信、それから実戦経験の乏しい瀬島隆三らのエリートである。大本営はそんな連中に、戦争を任せっきりにした。官僚化した参謀本部や軍令部、大本営は、予算や人事にしか関心がなく、作戦本部や司令塔の機能がもともと無かったからである。（以上二節⑩参照）

これは、反薩長閥で団結した親徳川閥の仲間内で争いが起こらない様に、指揮・命令・服従の規則を最大限緩やかにした成果であろう。

このため、前線では高級軍官僚の敵前逃亡事件まで起こっている。

インド・ビルマ国境でのインパール作戦（昭和十九年：一九四四年三～七月）の失敗から、イギリス軍の反攻が始まった時、木村兵太郎ビルマ方面軍司令官は、司令部のあったラングーンを放棄して、前線から飛行機で逃げ出している。敵前逃亡である。その混乱で、日本の二十八軍の他、インド国民軍のボース、ビルマ軍のバー・モウが孤立した。二十八軍は包囲網を破って脱出したが、半分が飢えとマラリアに倒れた。この時の戦死者数はインパール作戦の犠牲者をはるかに超える七万人である。木村は、近衛・東條内閣で次官を務めただけの、軍務官僚（役人）であった。A級戦犯で死刑になったが、軍法会議でも同じ判決が出たろう。親補職であっても、敵前逃亡は許されない。

もう一人、敵前逃亡の軍官僚がいる。陸軍に席次順人事を持ち込んだ、冨永恭二である。冨永はフィリピンで、「後から俺も必ず行く」と言って、特攻隊を送り出した後、飛行機で台湾に逃げ、胃潰瘍の治療と称して、温泉に浸かっていた。冨永も、戦場を見た事も無い、役人だった。

これらの敵前逃亡は、あの危機的な時点で、最前線の司令官に、戦争を知らない役人を司令官として送り込んだ事と、硬直した人事規則のせいであった。（以上四節⑩参照）

この様な多くの高級将校達が、母国の敗戦の瀬戸際に、自分だけ敵前逃亡をして、配下の軍団や師団がどうなろうとも無関心なのは、愛国心も父母や親族縁族への愛も何も無かったので、自然に出来た事である。元々明治の新政府の学校で洗脳されて、父母や親族縁族や祖先への軽蔑の念を植え付けられて、それが過剰なエリート意識となり、また自分達のよって立つ母国も故郷も破壊すべき対象となっている（自己破壊衝動）ので、母国の敗戦など大した問題ではなくなっているのである。これは明治の新政府が実施した「洗脳」教育の成果であろう。

神風特攻隊

日本は支那大陸の戦いでは優勢だったが、アメリカを相手にした太平洋での戦いではもはや絶望的であった。連合艦隊は殆どの空母を失っており、強大な空母部隊を擁するアメリカ艦隊に対抗できる力は無かった。それでも、降伏しない限りは、戦い続けなくてはならない。

昭和十九年（一九四四年）十月、日本はフィリピンで、アメリカ軍を迎え撃った。追い詰められた日本海軍は、人類史上初めて、航空機による自爆攻撃を作戦として行った。神風特攻隊である。神風特攻隊は最初はフィリピンでの限定的作戦であったが、予想外の戦果を挙げた事から、なし崩し的に通常作戦の中に組み入れられた。

しかし、陸海軍の必死の攻撃の甲斐も無く、フィリピンはアメリカに奪われ、日本陸・海軍兵士五十一万八千人が戦病死した。フィリピンを奪われた事で、南方と日本を繋ぐシーレーンは完全に途絶え、遂に石油は一滴も入ってこない状態になった。

もっとも、その前から、護衛の無い日本の油槽船はアメリカ潜水艦の餌食になっていて、昭和十九年（一九四四年）には、インドネシアから日本国内に送り込んだ原油は僅か七十九万リットルだった。戦前、アメリカから輸入していた原油は年間五百万リットルだったから、もはや戦争どころか国民生活さえ維持出来ない状況になってい

た。（以上四節⑬参照）

アメリカ軍の沖縄占領

昭和二十年（一九四五年）三〜六月、アメリカ軍はついに沖縄にやって来た。日本軍は沖縄を守るために、沖縄本島を中心とした南西諸島に十八万人の兵士を配置した。陸軍と海軍合わせて約二千機の特攻機が出撃した。また連合艦隊で唯一残った戦力と言える戦艦大和も出撃したが、のべ四百機近いアメリカ空母艦載機の攻撃により、鹿児島県枕崎町坊ノ岬沖であえなく沈められた。

沖縄は地上戦となり、約九万四千人もの民間人が亡くなった。沖縄出身の兵士は二万八千人が亡くなっているが、沖縄以外の出身の兵士も六万六千人が亡くなっている。（以上二節⑬参照）

＊＊＊＊＊＊＊＊＊＊＊＊＊＊＊＊＊

ヤルタ会談

昭和二十年（一九四五年）二月上旬、ソ連のクリミア自治共和国のヤルタで、アメリカ、イギリス、ソ連の首脳が会談し、第二次世界大戦後の世界の枠組みを話し合った。ルーズベルト大統領は病気でベッドに寝たきりで、正常ではなかった様で、アルジャー・ヒスがそばに付き添い、代行した。そして、大統領はポーランドとバルト三国と満州と日本の北方領土をソ連の管理に任せた。その他、彼等は極東戦線へのソ連の早急な参戦と、国際連合の創設などを約束したといわれる。会談の直後に出されたヤルタ宣言は形式的なもので、合意の詳細は極秘にされた。しかし、この合意のせいで、ソ連の崩壊まで約四十六年間、東欧の数百万人の人権が蹂躙される事になった。

ちなみに、このアルジャー・ヒスは後にソ連の工作員であった事が判明している。ルーズベルトのそばには、妻・エレノアのほか、大勢の共産党員がいた。取り巻きにソ連の工作員がいたのではなく、ルーズベルト本人がスターリンの工作員だった様なものであった。（以上二節⑩参照）

このルーズベルトとスターリンの親密ぶりに、チャーチルは非常に呆れていた。そして、「もうすぐ敵同士になるのに、何故そんなに大盤振る舞いをするのか？　それともアメリカをも共産主義国家にする密約があるのか？」と彼は怖れてもいたのであろう。

「ソ連軍が極東戦線に参戦する」という情報は、欧州各地の駐在武官から、即刻参謀本部に通報が入ったが、参謀本部作戦課はこれを誰にも知らせずに、握り潰したといわれる。「ソ連の仲介で連合軍と講和条約を締結しよう」としてきた参謀総長が保身を図ったのか、または、ソ連の工作員がその通報を無かった事にしたのであろう。彼らには敗戦・亡国などどうでも良かったのである。（以上㉒ほか参照）

それよりも、参謀本部の面子の方が重要であった。

＊＊＊＊＊＊＊＊＊＊＊＊＊＊＊

悪魔のごときアメリカ軍

アメリカは沖縄を攻略する前に、昭和二十年（一九四五年）三月に、東京大空襲を行っている。これは日本の戦意を挫くために、一般市民の大量虐殺を狙って行ったものである。

この作戦を成功させるために、アメリカ軍は関東大震災や江戸時代の明暦の大火についてまで調べ、どこをどう燃やせば日本人を効果的に焼き殺せるかを事前に研究し尽くして、空襲場所を浅草区、深川区、本所区などを中心とする民家密集地帯に決めた。また、どの様な焼夷弾が有効かを確かめるために、ユタ州の砂漠に日本の民家を建てて、街を作り、実験を行っている。その家の中には、ハワイから呼び寄せた日系人の職人に、布団、畳、障子、ちゃぶ台までしつらえさせるという徹底ぶりだった。

そして、サイパン基地から三百機のB—二九に爆弾を積めるだけ積んで出撃し、三月九日の深夜から十日の未明にかけて、高度二千メートルという低空から、東京都民に爆弾の雨を降らせた。その結果、一夜にして、老人、女性、子供などの非戦闘員が十万人以上殺された。これは「ハーグ陸戦条約」に違反した、明白な戦争犯罪行為であった。しかし、アメリカはそんな事は気にしなかった。

五月にドイツが無条件降伏し、世界を相手に戦っているのは、日本だけとなった。

東京はその後も何度も大空襲に遭い、全土が焼野原となった。そのため、アメリカ軍はその年の五月に東京を爆撃目標リストから外したほどだった。被害に遭ったのは東京だけではなく、大阪、名古屋、札幌、福岡など、日本の主要都市は軒並み焦土にされ、全国の道府県、四百三十の市町村が空襲に遭った。アメリカ軍の戦闘機は逃げ惑う市民を、動物のハンティングの様に銃撃した。空襲による死者数は、数十万人といわれている。（以上五節⑬Ⓦ参照）

＊＊＊＊＊＊＊＊＊＊＊＊＊＊＊

ハリー・トルーマンがアメリカの新大統領に

昭和十九年（一九四四年）、前例の無い四選を果たした、フランクリン・ルーズベルトも翌年四月十二日に病死していた。公式には「病死」になっているが、実際は、反共主義者による暗殺だった、という説もある。ルーズベルト急死の二時間後、三人の副大統領の内、ルーズベルトと一番疎遠だったハリー・トルーマンが、スティムソン委員会など、議会内反共派の手回しで、早々に大統領宣誓式に臨んだ。このトルーマンは、副大統領になった直後、チャーチルから、ルーズベルトがスターリンと交わした密約を暴露する書簡を受け取っている。チャーチルは半年以上前から自分の心配をアメリカの保守派の有力者に知らせていた。つまり、チャーチルはアメリカの自由主義と民主主義の救世主であったのである。（以上⑩Ⓦ参照）

ポツダム宣言

昭和二十年（一九四五年）七月、この大空襲の最中、七月二十六日、アメリカ新大統領ハリー・トルーマン、イギリス首相ウィンストン・チャーチル、中華民国主席蒋介石は、ベルリン郊外のポツダムにおいて、日本国に対し「無条件降伏要求の最終宣言」を発布した。ソ連のヨシフ・スターリン書記長も参加したが、その場では署名せず、アメリカの原爆投下後に、突然「日ソ中立条約」を破棄して、満州、樺太、千島列島に侵攻し、占領してから、この「最終宣言」を追認した。また、蒋介石も共産党軍との内戦で出席出来なかった。米英はこの段階では「日本はこれを受諾しない」と予想していた。（以上Ⓦ参照）

スターリンは日本北半部の占領を狙う

この頃、陸軍の参謀本部の将校達の多くは、統制派で占められていて、「ソ連の仲立ちで講和条約を結び、天皇制を維持したまま、ソ連式の社会主義国になろうという」という考えが多数を占めていた。そのため、参謀本部は何度もソ連に仲立ちを要請したが、ソ連は回答しなかった。その理由は、スターリンが日本の北半分をソ連の領土にしたかったからである。そうすれば、長年の「不凍港」探しが終わるのである。そのために、欧州で戦った軍隊を、急いでシベリア鉄道で満州、沿海州に送り、ここから樺太、カムチャッカ半島に貨物船で移動していた。移動開始から、移動が完了し、戦闘態勢が整うまで、約四ヶ月半を要したが、この間スターリンは秘密情報警察KGBや軍情報総局GRUを使って、アメリカの原爆の投下を遅らせ、日本の無条件降伏を遅らせる工作をさせていた。日本軍が完全に戦意を失った時に参戦しようと企んだのである。（以上⑩Ⓦ参照）

＊＊＊＊＊＊＊＊＊＊＊＊＊＊

日本はポツダム宣言を黙殺

この工作のせいか、鈴木貫太郎内閣はこの宣言を黙殺する事になり、またしても、新聞・雑誌は「笑止、対日講和条件」などと激しくポツダム宣言を愚弄して、海外の通信社もこれを大きく報道した。これも、これまでと同様に、ソ連の指示であろう。（以上⑬参照）

広島・長崎へ原爆投下

これを受けて、事前の計画通り、昭和二十年（一九四五年）八月、アメリカ軍は広島と長崎に計二発の原子爆弾（原爆）を落とした。これも無辜の一般市民の大量虐殺を意図したもので、明白な戦争犯罪である。この時点で日本の降伏は目前だったにも拘わらず、人類史上最悪の非道に及んだ事は許しがたい。

原爆投下は、戦争を早期に終わらせるために止む無く行ったのではなく、原爆の効果を知る実験として落とされたと見て間違いない。その理由は、広島と長崎にわざわざ異なるタイプの原爆を落としている事や、効果を知るために、原爆投下候補地には、それ以前に、通常の空爆を行っていなかった事が挙げられる。ちなみに、京都が殆ど空襲されなかったのも、原爆投下候補地の一つであったからである。

なにより忘れてならないのは、原爆投下には有色人種に対する差別意識が根底にあるという事である。仮にドイツが徹底抗戦していたとしても、アメリカはドイツには落とさなかったであろう。昭和十九年（一九四四年）九月に米英間で締結された「核に関する秘密協定」において、原爆はドイツではなく、日本へ投下する事を確認し合っているからだ。

原爆投下のもう一つの目的は、ソ連に対する威圧であった。アメリカは戦後の対ソ外交を有利に運ぶために、原爆投下を昭和二十年（一九四五年）五月には決定していた。フランクリン・ルーズベルトが死去したので、さすがの民主党政権でもソ連の脅威を認識したのである。（以上四節⑬引用）

ソ連が極東戦線に参戦

二発目の原爆が落とされた八月九日、ソ連が「日ソ中立条約」を破棄して参戦し、陸軍参謀本部は驚愕した。あの憧れのソ連がそんな卑劣な事をするなんて信じられなかったのである。そして、「これをするために、返事をよこさないでいたのだ」とやっと悟ったのである。

しかし、満州や千島列島に取り残されて、武装解除中の陸軍は、信じられないでは済まなかった。満州では、ソ連軍が武装解除した日本軍兵士を五十七万五千人も捕虜にし、厳寒のシベリアで何年にもわたって、満足な食事も休養も与えずに、奴隷的労働をさせた。その結果、約五万五千人の兵士が命を落とした。

しかし、一部の陸軍部隊は自衛のために奮戦して、ソ連軍の侵攻を遅滞させる事に成功した。特に、千島列島北端の占守島の守備隊は、四日間もソ連軍の攻撃を跳ね返し続け、結果的にソ連の北海道侵攻を妨害した。これにより、ソ連による日本列島の北半分の占領は阻止されたのである。

これは第五方面軍司令官の樋口季一郎中将が「敵が戦闘をしかけてきたら、自衛のための戦闘は妨げない」という命令をしていたので、上陸してきたソ連軍と守備隊が自衛の戦闘をし、さらに樋口司令官の防衛命令を得て、戦闘を四日間継続したものである。前任地が満州であった樋口司令官は「ソ連（ロシア）なら必ず卑怯な攻撃をしてくる。絶対に勝てる状況で、攻めてこない筈がない」と予想して、武装解除を完了させていなかったのである。このために、怒ったソ連は「彼を死刑にしろ」とアメリカに要求したが、アメリカのユダヤ人協会が「我々の命の恩人を殺さないでくれ」と政府に嘆願したために、辛うじて助かった。彼は、シベリヤ経由で逃げてきたユダヤ人達の満州国通過を許可してやった、彼らの命の恩人だったのである。（以上四節Ⓦ⑬参照）

ポツダム宣言受諾

昭和二十年（一九四五年）八月九日、御前会議で「ポツダム宣言受諾」が決定した。列席者は鈴木貫太郎首相、東郷外務大臣、阿南陸軍大臣、米内海軍大臣、梅津陸軍参謀総長、豊田海軍軍令部総長、平沼枢密院議長の七人であった。

司会の首相を除く六人は、無条件降伏派と徹底抗戦派で真っ二つに分かれ、完全に膠着状態になった。無条件降伏をすれば、天皇陛下は戦犯として処刑される可能性もあった。

日付が変わったので、首相が天皇にお考えを伺うと、天皇陛下は「自分は無条件降伏で良い」と答えられた。全員が号泣する中で、天皇陛下は以下の様にいわれた。「本土決戦を行えば、日本民族は滅びてしまうのではないか。そうなれば、どうしてこの日本という国を子孫に伝える事が出来ようか。自分の任務は祖先から受け継いだこの日本を子孫に伝えることである。今日となっては、一人でも多くの日本人に生き残って貰い、その人達に将来再び起ち上がってもらう以外に、この日本を子孫に伝える方法はないと思う。そのためなら、自分はどうなっても構わない」

日本政府は十日の朝、連合軍に「ポツダム宣言受諾」を伝えたが、それには「国体（天皇制）護持」の条件をつけた。連合軍からの回答は十三日に来たが、それには「国体護持」を保障する文言が無かった。それで、再度、政府は十四日に御前会議を開くが、天皇陛下の意志は固く、「私の意見は変わらない。私自身は如何になろうとも、国民の生命を助けたいと思う」と再度言われた。こうして、三年九ヶ月にわたる大東亜戦争は終結し、同時に六年間にわたる第二次世界大戦も終結した。（以上四節⑬引用）そして、武士の子孫達の敵討ちも終わった。

＊＊＊＊＊＊＊＊＊＊＊＊＊＊＊＊＊

スターリンの一人勝ち

第二次世界大戦は、四十九の連合国が勝利した。だが、蒋介石は四年後に支那を失うし、イギリスも二年後にインドを失い、アメリカは得るものが何も無かった。勝ったのは、スターリンのソ連だけだった。日本に連戦連敗した蒋介石は、アメリカからプレゼントされた全てを、毛沢東の共産党に奪われて、四年後に中華人民共和国というアメリカの巨大な敵性国家が生まれた。ルーズベルトは「国際連合構想にソ連が同調する見返りに」ポーランドやバルト三国をソ連の勢力圏と認め、ヤルタ秘密協定で、満州の権益や南樺太と北方領土を与える約束をしているが、スターリンから何も得ていない。そして、この後五年以内に、ソ連と中国はアメリカの巨大な敵として立ち上がるのである。

世界史上、これほど完全に、強力な覇権国家が騙された例は見当たらない。ルーズベルトが生きていれば、あと一歩で、アメリカに大統領主導の共産主義革命が起こったかも知れないのである。それでも、後を継いだトルーマン大統領は、反共派とチャーチルの意見を直ぐには受け入れる事が出来ず、ソ連の北部日本の占領を抑えただけであった。そして、彼は支那の蒋介石の国民党軍と毛沢東の共産党軍との内戦には介入しなかった。アメリカのこの戦争の犠牲者数は約四十万人で、そんなに多くは

ないが、国民の間に強い厭戦気分が広がり、これが内戦への介入を抑えたのであろう。(以上二節⑬引用)

＊＊＊＊＊＊＊＊＊＊＊＊＊＊＊

日本の戦争被害

日本はこの戦争で甚大な犠牲を払った。約七千三百万の人口の内、約三百十万人の尊い命が失われた。内訳は民間人が約八十万人、兵士が約二百三十万人である。また、南樺太、台湾、朝鮮半島の領土を失い、満州、中国、東南アジアにおける、公民含めた全ての資産・施設は殆ど没収された。

全国で二百以上の都市が空襲に遭い、東京、大阪、名古屋、福岡、札幌をはじめとする主要都市は軒並み焼き尽くされ、多くの公共施設と民間の会社、工場、ビルなどが焼失した。民家も約二百三十万戸が焼かれ、夥しい人が家を失った。政府も自治体も一戸の仮設住宅さえ作る事が出来ず、焼け出された人々はトタンや焼け残った木材で雨露をしのぐバラックを建てて生活した。

この敗戦は日本の二千年余の歴史の中でも、未曽有の大敗北であった。しかも、外

国の軍隊に国土を占領され、主権も外交権も奪われるという屈辱そのものだった。(以上三節⑬引用)

連合軍による統治

昭和二十年(一九四五年)九月、殆どアメリカ軍から成る連合軍が日本の占領を開始し、ダグラス・マッカーサーを最高司令官とする連合軍最高司令官総司令部(GHQ)が東京に置かれ、占領は昭和二十七年(一九五二年)四月まで続いた。

占領政策は狡猾で、表向きは〝GHQの司令・勧告によって、日本政府が政治を行う〟間接統治の形式をとったが、重要な事項に関する権限は殆ど与えなかった。

GHQの最大目的は、日本を二度とアメリカに歯向かえない国に改造する事だった。

そこで、明治以降、日本人が苦心して作り上げた政治の仕組みを解体し、憲法を作り変える事に着手した。(以上四節⑬引用)

国外での悲惨な報復

日本兵は国外でも、悲惨な目に遭った。

東南アジアでは、約一万人の日本軍兵士が戦犯容疑でアメリカ軍、イギリス軍、フランス軍、オランダ軍に逮捕され、連日、筆舌に尽くしがたい、激しい拷問と虐待を受け、多くの者が亡くなったり、自決したりした。彼等は戦後に処刑された戦犯リストにも入っていない。

満州では、ソ連軍が武装解除した日本軍兵士を五十七万五千人も捕虜にし、厳寒のシベリアで何年にもわたって、満足な食事も休養も与えずに、奴隷的労働をさせた。その結果、約五万五千人の兵士が命を落とした。この行為も、勿論、ハーグ陸戦条約に違反する、残虐な仕打ちである。

近代になって、戦勝国が敗戦国の兵士に、これほど残虐な仕打ちをした例は無い。そこには白人種の黄色人種への差別意識に加えて、緒戦において、日本軍に完膚なきまでに打ち破られた事への報復という意味合いもあった。

民間人も蹂躙され、何もかも強奪され、凌辱された。何ヶ月もかけて、命からがら、やっと日本に戻れた者も、凌辱され妊娠させられたり、性病に罹患した女性達は、その中でも幸運な者は堕胎手術や性病治療を受ける事も出来たが、多くの不運な者は首を吊って死ぬしか途が無かった。なお、彼女らのために国が設置した二日市保養所での聞き取り調査によれば、彼女らを強姦した加害者の中で圧倒的に多かったの

は、日本のせいで最も得をした朝鮮人であった。（以上六節⑬引用）

日本国憲法はＧＨＱが作った

同年十月、ＧＨＱは日本政府に対し、大日本帝国憲法を改正して、新憲法を作るように指示した。これは実質的に帝国憲法破棄の命令に近かった。幣原喜重郎内閣は改正の草案を作ったが、発表前に毎日新聞社に内容をスクープされてしまった。草案の中に「天皇の統治権」を認める条文があるのを見て、マッカーサーは不快感を示し、ＧＨＱ民生局に独自の憲法草案の作成を命じた。勿論、この時、「戦争放棄条項」がマッカーサーの念頭にあった事は言うまでもない。

トルーマン政権の方針に基づいて、民生局のメンバー二十五人が都内の図書館で、アメリカの独立宣言文やドイツのワイマール憲法、ソ連のスターリン憲法などから、都合の良い文章を抜き出して、草案を纏め上げた。メンバーの中に憲法学を修めた者は一人もいなかった。驚いたことに、彼等は僅か九日で草案を作った。なお、このメンバーの中にはソ連の工作員が多く入り込んでいた。これは、アメリカを含む四十四ヶ国が調印している「ハーグ陸戦条約」に明確に違反している。

そこには「戦勝国が敗戦国の憲法を変える事は許されない」と書かれている。（以

上二節⑬引用）

平和条項は自衛戦争を考慮していた

ＧＨＱが作った憲法草案には、「九条」がある。それは次の二項である。

「（一）日本国民は、正義と秩序を基調とする国際平和を誠実に希求し、国権の発動たる戦争と、武力による威嚇または武力の行使は、国際紛争を解決する手段としては、永久にこれを放棄する。」

（二）陸海空軍その他の戦力は、これを保持しない。国の交戦権はこれを認めない。」

いわゆる、「戦争放棄」として知られるこの条項は、マッカーサーの強い意向で盛り込まれたものだったが、さすがに民生局のメンバーからも、「憲法にこんな条項があれば、他国に攻められた時、自衛の手段が無いではないか？」と反対する声が上がったので、（二）項に「前項の目的を達するため」という文言が追加され、「自衛のために戦力を保持する事が出来る」という解釈を可能にする条文に修正された。（以上三節⑬引用）

ＧＨＱはこの憲法草案を強引に日本側に押し付けた。この草案のメモはアメリカの公開された公文書の中に混じっている。内閣は大いに動揺したが、草案を呑まなければ〝天皇の責任〟の追及に及ぶであろう事は誰もが容易に推測出来た。日本政府はこれを受け入れざるを得なかった。

天皇は「国民統合の象徴」とされた。

新憲法は、大日本帝国憲法を改正する形式を取り、衆議院と参議院で修正可決された後、日本国憲法として昭和二十一年（一九四六年）十一月に公布され、翌年五月に施行された。（以上三節⑬引用）

極東国際軍事裁判は国際法違反

昭和二十一年（一九四六年）五月、連合国軍側は日本への報復のために、ＧＨＱの行政命令に基づいて、極東国際軍事裁判（略して「東京裁判」）を開始し、これは昭和二十三年（一九四八年）十一月まで約二年半続いたが、そこで中断した。元々これは十年位掛けて徹底的にやる予定だったのである。

これは裁判という名前がついているが、〝罪刑法定主義〟という近代刑法の大原則に反するものであった。すなわち、東京裁判では、過去の日本の行為を、後から新たに国際法らしきものをでっち上げて裁いた、「事後法による判決」である。これは

「法律不遡及の原則」に反し。近代国家では認められていない。アメリカは欧州の国ではないから、欧州の法律文化には余り関心がないのである。（以上二節⑬引用）

連合国軍は、戦争犯罪人（戦犯）をA、B、Cという三つの分野（項目）に分けて、裁いた。B、C項目の罪状は主に捕虜の殺害や虐待に関するもので、約千人の元軍人や軍属が死刑になった。その中には誤審によって死刑になった人も少なくなかった。

Aの罪状は「平和に対する罪」というもので、二十八人が昭和天皇の誕生日に起訴された（GHQの嫌がらせ）。これは、明らかにフランクリン・ルーズベルトが起訴されるべき罪であった。内七人が死刑判決を受けたが、全員がB、C項目での戦犯でもあった。

この裁判の判事の中で、国際法の専門家であったインドのラダ・ビノード・パール判事は、「戦勝国によって作られた事後法で裁く事は国際法に反する」という理由などで、被告人全員の無罪を主張している。

死刑判決を受けた七人の「A級戦犯」は昭和二十三年（一九四八年）十二月、絞首刑で処刑された。この日は皇太子の誕生日であり、連合軍の根深く陰湿な悪意がうか

がえる。（以上四節⑬引用）

共産圏の挑戦開始

ところが、昭和二十三年（一九四八年）六月にベルリンがソ連に封鎖されて、東西ドイツが分離・独立し、同年八～九月に朝鮮が韓国と北朝鮮に分離・独立し、さらに同年十月に支那大陸で共産党軍が勝利して、中華人民共和国が成立した事を受けて、この頃アメリカ本土でも共産党を敵と認識し、「**赤狩り**」が吹き荒れたので、昭和二十三年（一九四八年）十一月に共産主義者主導の東京裁判は中断してしまった。（以上⑬引用）

第四次南京事件

昭和二十四年（一九四九年）十月、南京にいた国民党軍が台湾に船で逃げた後に、追って来た共産党軍が南京を制圧して、城内の民間人に対して、虐殺、強姦、略奪を行った事件である。日本が敗戦を受け入れた後なので、日本軍は武装解除されて、収容所に収容されていた。この事件の死者数は十万人とも十五万人とも言われている。この時の写真が第三次事件の証拠写真に使われている、といわれる。（以上⑰参照）

第一次から第三次の南京事件を起こした主犯達が未だ支那にいて、同様な事件を起こしたのである。

マッカーシー上院議員らの赤狩り

アメリカでは、昭和二十三年（一九四八年）から昭和二十五年（一九五〇年）前半にかけて、マッカーシー上院議員らが、共産党員および共産党シンパとみられる政治家、官僚、学者、ジャーナリストの政治責任を追及し、大騒動になったが、ＦＢＩの盗聴記録などを法廷に出せず、有罪を立証出来なかったので、これ以降、この問題は立ち消えになった。なお、追及された有名人はアルジャー・ヒス（官僚：偽証罪）、ハーバート・ノーマン（官僚：自殺）、Ｔ・Ａ・ピッソン（学者）、アグネス・スメドレー（ジャーナリスト：ロンドンに逃亡して急死）であり、近年ソ連の秘密工作員であった事が確認された。元大統領のルーズベルトもマッカーシーに疑われており、生きていたなら、逮捕されていたかも知れない。（以上⑬引用）

昭和天皇の戦争責任

大日本帝国憲法の基本原則は、「統治権は天皇が総覧するが、実際の政治は政府が行う」という事であった。それで、昭和天皇は「君臨すれども親裁せず」という政治姿勢を取った。つまり、昭和天皇は立憲君主であって、専制君主では無かったのである。

だから、昭和天皇は御前会議の場でも、基本的に閣僚達の意見を聞いているだけで、自らの意見を口にすることは無かった。そして、内閣の決めた事には決して異議を挟まなかった。戦争中、軍は天皇大権である「統帥権」を盾に、「全ては天皇の命令であると強弁して、戦争を求める世論に乗って、戦争に突き進んだ」というのが、実態であった。昭和天皇がその生涯において、政治的な決断（聖断）を下したのは、二・二六事件と終戦の時だけであった。

昭和二十年（一九四五年）九月二十七日、昭和天皇がアメリカ大使館でマッカーサーと初めて会談した時、マッカーサーは昭和天皇が命乞いに来たと思っていた。ところが、そうではなかった。昭和天皇はマッカーサーにこう言った。「私は、国民が戦争を遂行するにあたって、〝政治、軍事両面で行った全ての決定と行動に対する全責任を負う者〟として、私をあなたの代表する諸国の裁定に委ねるためにやって来ました」、「私の一身はどうなっても構わない。私はあなたにお任せする。この上は、どうか国民が生活に困らぬ様、連合国の援助をお願いしたい」

マッカーサーは昭和天皇の言葉に深い感銘を受けて、日記にこう書いた。「死をともなうほどの責任、私の知る限り、明らかに天皇に帰すべきでない責任を引き受けようとする、この勇気に満ちた態度は、私の骨の髄までも揺り動かした。私は、目の前にいる天皇が、一人の人間としても、日本で最高の紳士であると思った。」

そして、天皇が帰る時には、感動したマッカーサーは玄関まで見送りに出た。天皇は戦犯候補だったので、来た時には出迎える事はしなかったのである。

こうして、マッカーサーは天皇を生かしておいて、日本人の統治に利用する事を考える様になった。もし、昭和天皇を処刑すれば、日本人は死に物狂いの抵抗をしてくるかも知れないと、ＧＨＱは怖れていたのである。アメリカ軍は硫黄島や沖縄において日本軍の凄まじい戦いぶりを目の当たりにしていた。この二つの戦いでは、アメリカ軍の死傷者は日本軍を上回っている。また、神風特攻隊の死をも恐れぬ攻撃にさらされ、多くのアメリカ軍水兵が恐怖の余り、戦争神経症を発症している。アメリカ軍は戦争には勝ったが、本当は日本人を心底怖れていたのだ。しかし、「あの天皇なら日本人を穏やかにしてくれるだろう」と考えたのである。（以上七節⑬引用＋私見）

靖国神社は生き延びた

日本から戦争に関わる全てのものを消し去りたいと考えていたアメリカ政府は、大東亜戦争で亡くなった日本人兵士が祀られている靖国神社を焼却したいと考えていた。しかし、これにはＧＨＱ内にも反対意見があり、マッカーサーは、日本にいたカソリック神父らに意見を求めた。

ブルーノ・ビッテル神父とパトリック・バーン神父は彼に以下の様に進言したといわれる。「如何なる国家も、その国家のために死んだ人々に対して、敬意を払う権利と義務があるといえる。それは戦勝国か、敗戦国かを問わず、平等の真理でなければならない。もし、靖国神社を焼き払ったとすれば、その行為は、アメリカ軍の歴史にとって不名誉極まる汚点となって残るであろう」

また、ローマの法王庁も、「靖国神社は市民的儀礼の場所であり、宗教的崇拝の場ではない」という公式見解を示している。こうした意見を広く聞いて、〝マッカーサーは靖国神社の焼却を取りやめた〟といわれる。（以上三節⑬引用）

日本人に罪悪感を植え付ける宣伝計画

もう一つ、ＧＨＱは〝日本人に戦争についての「罪の意識」を徹底的に植え付ける宣伝計画〟（ＷＧＩＰ）を実施した。これは日本人の精神を粉々にして、二度とアメリカに戦いを挑んでこない様にするための、宣伝・教育計画であった。東京裁判もその一つである。この政策は結果的に日本人の精神を見事に破壊した。

ＧＨＱは思想や言論を管理し、出版物の検閲を行い、意に沿わぬ新聞や書物を発行した新聞社や出版社を厳しく処罰した。禁止事項は全部で三十もあった。

その禁止事項の第一はＧＨＱなどに対する批判である。二番目は東京裁判に対する批判、三番目はＧＨＱが日本国憲法を起草した事に対する批判である。アメリカ、イギリス、ソ連、フランス、中華民国、その他の連合国に対する批判も禁止された。さらに何故か、朝鮮人に対する批判も禁じられた。占領軍兵士による犯罪の報道も禁じられた。新聞や雑誌にこうした記事が載れば、全面的に書き換えを命じられた。

ＧＨＱの検閲は個人の手紙や電話にまで及んだ。進駐軍の残虐行為を手紙に書いた事で、逮捕された者もいる。戦後の日本に言論の自由は全く無かった。これらの検閲を、日本語が堪能でないＧＨＱのメンバーだけで行えた筈がない。多くの日本人協力者がいたのは公然の秘密であった。一説には、四千人の日本人が関わったと言われる。

さらに、ＧＨＱは戦前に出版されていた書物を七千点以上も焚書した。焚書とは、支配者や政府が自分達の意に沿わぬ、あるいは都合の悪い書物を焼却する事で、これは最悪の文化破壊の一つである。秦の始皇帝とナチスが行った焚書が知られているが、GHQの焚書も悪質さにおいてそれに勝るとも劣らないものであった。驚くべきは、これに抵抗する者には、警察力の行使が認められていたし、違反者には十年以下の懲役もしくは罰金という重罰が科せられていた事だ。

勿論、この焚書にも多くの日本人協力者がいた。特に大きく関与したのは、日本政府から協力要請を受けた、東京大学の文学部だと言われている。同大学の文学部内には戦犯調査のための委員会もあった。この問題をその後マスメディアが全く取り上げようとしないのは不可解である。

検閲や焚書を含む、これらの言論弾圧は「ポツダム宣言」に違反する行為であった。「ポツダム宣言」の第十項には「言論、宗教および、思想の自由ならびに基本的人権は確立されるべきである」と記されている。つまり、GHQは明確な「ポツダム宣言」違反を犯しているにも拘わらず、当時の日本人は一言の抵抗すら出来なかったのである。

ちなみに、「大東亜戦争」という言葉も使用を禁止された。GHQは「太平洋戦争」という名前を使うことを命じ、出版物に「大東亜戦争」という言葉を使えば処罰され

た。この検閲は七年間続いたが、それが日本人の心に与えた恐怖は甚大であった。（以上八節⑬引用）

上記の日本人協力者達は陸軍統制派が親ソ連の社会主義者であった事を完全に隠蔽し、代わりに、「日本は天皇を現人神と崇める右翼全体主義軍事独裁政権に支配された」と書き替えた。これは、スターリンの指示であった、と思われる。何故なら、未だ完成していない「スターリンの北日本占領計画」にはそれが必要であったからである。この事情は、次項のＮＨＫラジオによる洗脳でも同様であった。

ＮＨＫラジオによる洗脳

ＧＨＱのＷＧＩＰ（日本人に罪悪感を植え付ける宣伝計画）はラジオ放送によっても行われた。その方法は非常に狡猾であった。

昭和二十年（一九四五年）十月から、ＮＨＫラジオで「真相はこうだ」という番組の放送が始まった。この番組は、大東亜戦争中の政府や軍の腐敗・非道を暴くドキュメンタリーをドラマ風に描いたものだ。国民は初めて知らされる「真相」に驚くと同時に、政府や軍を激しく憎んだ。しかし、この番組は実はＧＨＱが全て台本を書いており（これは極秘）、放送される内容も占領政策に都合の良いもので、真実でないものも多かった。全ては、日本人を「国民」対「軍部」という対立構図の中に組み入れるための仕掛けだった。また、「太平洋戦争は中国をはじめとするアジアに対する侵略戦争であった」という事を徹底的に日本人の脳に刷り込むためのものでもあった。

ＧＨＱは翌年も「真相箱」「質問箱」というタイトルで、二年以上にわたり、洗脳番組を放送し続けた。依然、ＧＨＱが制作している事は秘密であった。ＧＨＱが巧妙だったのは、番組の中に時折、日本人の良い面を織り交ぜた事である。そうする事で、内容に真実味を持たせたのだ。しかし、戦前の政府や軍を批判する内容には、多くの虚偽が含まれていた。

ただ当時も、「これらの番組内容は真実ではないのではないか」と疑義を抱く人はいた。だが、彼らが声を上げても、そうした記事は「占領政策全般に対する破壊的批判」と見做され、全文削除された。

かくの如く、言論を完全に統制され、（唯一の情報入手手段の）ラジオ放送によって、洗脳プログラムを流され続ければ、国民が「戦前の日本」を徹底的に否定し、嫌悪する様になるのも無理からぬことだ。何より恐ろしいのは、この洗脳の深さである。ＧＨＱの占領は七年間だったが、それが終わって七十年近く経った現在でも、多くの人間が「戦前の政府と軍部は最悪」であり、「大東亜戦争は悪辣非道な侵略戦争であった」と無条件に思い込んでいる。

勿論、戦前の政府や軍部に過ちはあった。しかし、連合国側にも過ちはあり、また大東亜戦争は決して「侵略戦争」ではなかった。日本は中国を占領する意思はなかったし、人口と領土の面積を考えても不可能であるし、またそうした作戦も取ってはいない。また、日本はアジアの人々と戦争をしたわけではない。

戦後、日本はアジア諸国に賠償金を支払ったが、その国々を数十年から三百年にわたって支配していたオランダ、イギリス、フランス、アメリカは、賠償金など一切支払っていないばかりか、植民地支配を責められることも、少数の例を除いて、殆ど無い。それは何故か——日本だけが誠意をもって謝罪したからである。

日本人には、自らの非を進んで認めるにやぶさかでない、むしろ非を進んで認める事を潔しとする、特有の性格がある。他の国の人々と違って、謝罪を厭わないのだ。こうした民族性があるところへ、ＧＨＱの「ＷＧＩＰ」によって贖罪意識を強く植え付けられた事で、当然の様にアジア諸国に謝罪したのである。（以上九節⑬引用）

なお、これは日本人にとって二回目の支配者による「洗脳」であった。

大学・学校の教職員の追放

ＧＨＱが行った思想弾圧で、後の日本に最も影響を与えたのは、「教職追放」だった。ＧＨＱは占領直後から、帝国大学で指導的立場にあった愛国的ないし保守的思想を持つ教授達、あるいはＧＨＱの政策に批判的な教授を次々に追放した。「ＷＧＩＰ」を日本人に完全に植え付けるには、教育界を抑えなければならないと、考えたからだ。

代わってＧＨＱが指名した人物を帝国大学に入れたが、その多くは戦前に共産党員であったり、無政府主義的な論文を書いたりして、大学から処分された人達だった。その中には、大内兵衛（東京大学に復帰、後に法政大学総長）、滝川幸辰（戦後、京都大学総長）など、多くの者がＧＨＱの後ろ盾を得て、「ＷＧＩＰ」の推進者となり、最高学府を含む大学を支配していく。

一方、追放を免れた者も、これ以降は、ＧＨＱの政策に批判的な事を言わなくなったばかりか、帝国大学に於いては共産主義におもねる教授や社会主義者に転向する者、変節する学者が続出した。

特に酷かったのは東京帝国大学で、昭和二十一年（一九四六年）、憲法学者の宮沢俊義は「八月革命説」を唱えて、日本国憲法の正当性を論じた。「八月革命説」とは、

「ポツダム宣言の受諾によって、主権原理が天皇主権から国民主権へと革命的にしたので、日本国憲法はＧＨＱによって押し付けられたものではなく、日本国民が制定した憲法である」という説である。現在でも、この説は東大の教授達によって引き継がれ、その教え子達によって全国の大学の法学部に広く行きわたり、司法試験などの受験界では、「宮沢説」は通説になっている。

また、国際法学者として東京大学に君臨した横田喜三郎は、東京裁判の正当性を肯定している。勿論彼の説も、その後、弟子達によって、東京大学および全国の大学に脈々と継承されている。ちなみに、横田はＧＨＱによる占領中に「天皇を否定する」内容の本（『天皇制』）を書いて出版したが、後年、最高裁長官に任命され、勲一等旭日大綬章が貰えそうになった時、門下生に命じて、神田の古本屋で自著を買い集めさせ、証拠隠滅のために個人焚書した。これは、己の信念で書いたのではなく、ＧＨＱにおもねるために書いたという証である。

憲法学者の宮沢俊義も、最初、「日本国憲法の制定は日本国民が自発的自主的に行ったものではない」と主張していたが、ある日突然、正反対の意見を言い出した学者である。その突然さから、おそらく教職追放を目の当たりにして、慌てて転向したものと思われる。悲しいのは、その後、日本の憲法界をリードする東京大学の法学部の教授達が、その学説を半世紀以上にわたって、継承し続けている事である。

そして、東京大学法学部からは、戦後も数多くの官僚が輩出している。「自虐史観」に染まった教授達や保身のためにGHQにおもねった教授達から、「日本国憲法は日本人が自主的に作った」「東京裁判は正しい」という教育を受けた人達が、文部科学省や外務省の官僚になるという事の方がむしろ、恐ろしい事である。

「教職追放」は大学だけでなく、高校、中学、小学校でも行われた。最終的に、自主的な退職を含めて、約十二万人もの教職員が教職現場から去った。その多くが愛国心を隠さなかったり、保守的な考えを持っていたりした者で、特に戦前の師範学校出身者が多かったと言われている。

その結果、教育界は社会主義者が支配する様になり、昭和二十二年（一九四七年）に生まれた日本教職員組合（日教組）は、完全に左翼系運動組織になった。後に日教組の書記長となり、三十年にわたってトップの座にあった槙枝元文は、当時、国交が無かった北朝鮮を何度も訪問し、金日成から勲章まで授けられている。

こうして、日本の教育界は左翼系の人々に乗っ取られた形になった。（以上九節⑬

引用）

職場からの追放

ＧＨＱは「公職追放」も行った。ＧＨＱにとって好ましからざる人物と判断した人達を様々な職場から追放したのだ。対象者は「戦犯」や「職業軍人」など七項目に該当する人物だったが、ＧＨＱが気に入らない人物は、それだけで追放処分になった。

昭和二十一年（一九四六年）五月、自由党総裁だった鳩山一郎は、首班（首相）指名を受ける直前に公職追放により、政界から追放された。鳩山は昭和二十年（一九四五年）、アメリカの原爆投下に批判的ともとれるインタビュー記事が朝日新聞に載った事で、ＧＨＱから睨まれたのだ。この時、朝日新聞は二日間の発行停止処分を受け、それ以降、同紙はアメリカやＧＨＱを批判する記事を書かなくなった。また、これ以降、ＧＨＱの政策に異議を唱える政治家は殆どいなくなってしまった。

名称こそ「公職追放」となっていたが、実際は民間企業からも追放された。当時、日本は貧しく、殆どの人が食うや食わずの生活で、社会保障の制度も無い。職を失う事は、まさしく死活問題であった。政治家といえども、その恐怖に怯えたのも無理はない。

ＧＨＱは新聞社や出版社からも多くの人を追放した。それは言論人や文化人にも及んだ。菊池寛（作家、「文藝春秋」創刊者）、正力松太郎（読売新聞社社長）、円谷英二（映画監督）、山岡荘八（作家）などの著名人だけではなく、無名の記者や編集者も多くいた。代わりにＧＨＱの指名によって入ってきたのは、彼らの覚え目出度き人物であった。

これにより、多くの大学、新聞社、出版社に、「自虐史観」が浸透し、ＧＨＱの占領が終わった後も、「ＷＧＩＰ」を積極的に一般国民に植え付けていくことになる。大学や新聞社で追放を免れた人達の中にも、追放を怖れて、ＧＨＱの政策に対して、批判的な事を言う人はいなくなった。

ＧＨＱの公職追放はその後も、財界、教育界、言論界と広い範囲で行われ、その数は二十万六千人に及んだが、追放を担当したＧ二（参謀第二部）だけで、それだけの人数を処理出来る筈はない。追放に協力した日本人が多数いたのは間違いなく、彼らの多くは共産党員並びにそのシンパであったといわれている。（以上六節⑬引用）

ＧＨＱと共産党の協力

ＧＨＱが日本人に施した「洗脳」は、戦時中の中国、延安で、中国共産党が日本人捕虜に行った、洗脳の手法を取り入れたものだった。この事は近年、イギリス国立公文書館が所蔵する秘密文書で判明しており、延安での洗脳工作には、日本人共産主義者・野坂参三の協力があった事が分かっている。

野坂は戦前、イギリスで共産党に参加してから、ソ連に渡って、コミンテルン日本代表となり、延安で日本人捕虜の洗脳活動に協力し、戦後は日本に帰って、衆議院議員になり、昭和三十五年（一九六〇年）年代まで日本共産党の議長を務めた。「洗脳」の際に、彼らが先ず最初に行うのは「自己批判」であり、それにより「罪悪感を植え付ける」のだが、ＧＨＱもまさに同じ手法を取り入れた。

ＧＨＱのＷＧＩＰが、中国共産党の洗脳に倣った事を書いた文書は「ノーマン・ファイル」に残されている。エドガートン・ノーマンはイギリスがソ連のスパイだと断定している人物で、ＧＨＱの幹部チャールズ・ケーディスの右腕であり、マッカーサーの日本占領政策の方向性に大きな影響を与えた。「ノーマン・ファイル」はＧＨＱでマッカーサーの政治顧問付補佐官を務めたジョン・エマーソンが、アメリカ上院小委員会で、ノーマンに関して証言したものである。

「ノーマン・ファイル」を読むと、戦後の日本は、共産主義者達の一種の「実験場」にされた様にみえる。中国共産党が延安で成功させた日本人捕虜への洗脳を、日本国民全体に施し、さらに日本国憲法によって再軍備を禁じ、公職追放によって地位を得た、共産主義者とそのシンパが、GHQ路線を堅持していったのだ。

その結果、日本人に過剰に自己を否定させ、「自虐史観」が蔓延し、「愛国心」まで捨てさせた。そして、後に「河野談話」「村山談話」の様に、中国、韓国の反日プロパガンダに容易に乗せられてしまうムードが出来上がった。共産主義者に影響されたGHQの占領政策は、その後の壮大な「歴史戦」の端緒になった。

ちなみに、戦後、GHQに最も忠実な報道機関になったのは朝日新聞である。彼等はマッカーサーを神の如くに崇拝した。（以上六節⑬引用）

占領軍と朝鮮人の犯罪

占領中に、アメリカ兵に殺害された日本人は四千人近く、強姦された婦女子は記録されているだけでも二万人に上るので、被害を届けなかったケースを考慮すると、実際はその何倍にも上ると思われる。しかし、日本の警察は、アメリカ兵の犯罪を捜査する事も、検挙する事も出来なかった。また、新聞も報道を禁じられていた。

また、GHQが当初、朝鮮人を「戦勝国民に準じる」とし、新聞で朝鮮人を批判する事も、裁判で彼等を裁く事も禁じられたので、戦前から日本にいた朝鮮人の一部が、日本人に対して、殺人、強盗、傷害、強姦、窃盗など、乱暴狼藉の限りを働いた。彼等はまた、焼け跡の土地や家屋を不法に占拠したり、奪ったりした。GHQは、当時の欧米列強の常識に当てはめ、「日本人は朝鮮人を奴隷扱いしていた」という誤った認識を持っており、戦争によって「奴隷を解放した」と考えていたから、彼らに「不逮捕特権」を与えたのだった。

しかし、昭和二十年（一九四五年）九月、GHQは事態を重く見て、朝鮮人は「治外法権の地位にない」事を発表した。しかし、不逞朝鮮人の日本人に対する乱暴は治まらなかった。何故なら、当時の警察官は拳銃の所持を認められておらず、武装した朝鮮人らを逮捕する事が難しかったからである。逮捕しても、警察署が襲われて、犯人を奪い返される事件も頻発した。そこで、GHQは昭和二十四年（一九四九年）、「暴力的団体」として「在日本朝鮮人連盟」に解散を命じた。（以上三節⑬引用）

不十分なレッド・パージ

公職追放および教職追放は、GHQにとっても大きな誤算となった。GHQの後押しによってメディアと教育界に入り込んだ、社会主義者や共産主義者が大きな勢力を持ち始めたからだ。一般企業でも労働組合が強くなり、全国各地で暴力を伴う、労働争議が頻発した。これはソ連のスターリンの司令であった。

また、昭和二十一年（一九四六年）六月に、支那大陸では激しい国共内戦が再開した事から、「日本とドイツを叩き潰せば平和が来る」というルーズベルト元大統領の言葉は嘘だった事が明白になり、にわかに共産党に対する脅威論がアメリカで強まり、昭和二十三年（一九四八年）一月、ケネス・ロイヤル陸軍長官が「日本を極東における全体主義（共産主義）に対する防壁にする」と演説した。しかし、これまでの流れは止め難く、昭和二十四年（一九四九年）十月、中国共産党が国民党に勝利して、共産主義国を樹立した事により、日本の大学やメディアでもソ連や中華人民共和国を礼賛する傾向が強くなった。

日本の共産化を怖れたGHQは、昭和二十五年（一九五〇年）、日本共産党の非合法化を示唆した。その後、官公庁、大企業、教育機関などから、共産主義者およびそのシンパの追放を勧告した（レッド・パージ）。これにより、一万数千人以上の人が様々な職場から追放されたが、それはかつての公職追放や教職追放の様な徹底したものではなかった。

昭和二十五年（一九五〇年）六月二十五日、隣の朝鮮半島で、「南北朝鮮ばかりでなく、両国の後ろ盾のアメリカ軍と中華人民共和国軍が直接衝突する」朝鮮戦争が始まったから、忙しくて、それどころではなかったのである。戦争は三年後の昭和二十八年（一九五三年）七月まで続いた。この戦争で、アメリカはやっと自国の本当の敵は日本でもドイツでもなく、ソ連や中華人民共和国などの共産主義国家だと気付いた。故フランクリン・ルーズベルト元大統領はスターリンに完全に騙されていた、とアメリカ政府はやっと気づいた。

朝鮮戦争が起こったので、大学とメディアでは共産主義者およびそのシンパの追放は殆ど行われなかった。戦争でそれどころではなかったのである。また、日本国有鉄道（国鉄、ＪＲ）の巨大労働組織で長年にわたり、国民の血税を貪り続けた国鉄労働組合（国労）などでは、逆にこの機会を利用して、共産主義に反対する人を共産主義者だと名指しして解雇して、実権を握る様な詐術も行われた。こうして、共産主義的な思想は日本社会の至る所に深く根を下ろしていった。そうした日本に於いて、主に自由民主党などの保守党が政権の座を占め続けてきた事は、本当に奇跡的な事であった。（以上四節⑬参照＋私見）

日本改革は日本を潰すためだったが

ＧＨＱの一番の目的は、日本を二度とアメリカに歯向かえない国に改造する事だったが、共産主義者やそのシンパは、日本を大きな社会実験の場にしようとも考えていた。メンバーの中には、〝日本を良い国にしたい〟という理想を持つ者もいたが、自らが理想とする「人民国家」を作るために、本国でも行えない様な大胆な改革を試みた。

昭和二十年（一九四五年）十月、マッカーサーは幣原内閣に「五大改革」を命じた。それは「秘密警察の廃止」「労働組合の結成奨励」「婦人解放（婦人参政権付与）」「教育の自由主義化」「経済の民主化」だった。そして、「経済の民主化」のために行った二つの大きな改革は、「財閥解体」と「農地改革」であった。（以上二節⑬参照）

財閥解体

戦前の日本は三井、三菱、住友、安田という巨大財閥をはじめ、多くの財閥がコンツェルンやトラストを形成しており、各産業は独占あるいは寡占状態にあった。また、財閥とは別に「政商」として国や政治家と結びついている者もいた。これらは自由な資本主義の発展を妨げる存在でもあった。そこで、ＧＨＱは八十以上の財閥をバラバラにして、分社化した。

これにより、証券の民主化が進み、近代的な資本主義となった。また、一部の財閥に独占されていた市場が開放されて、数多くの新興企業が誕生した。東京通信工業（ソニー）やホンダなども戦後に急成長を遂げた、代表的な企業である。もっともその後、解体された財閥の旧グループは徐々に結集し、再び大企業として復活する。（以上二節⑬参照）

農地改革

明治以降、飢饉や不況などで、多くの農家が土地を失い、地主の農地を耕す小作農となっていた。そこで、ＧＨＱは小作農が耕していた地主の土地を政府が安く買い上げ、小作農に売り渡す政策を行った。これにより、多くの小作農が土地を持つことが出来た。

この政策は実は戦前の日本でも検討されたが、財閥や政界有力者、華族の反対が強く、実現出来ずにいた。それをＧＨＱは一種の社会実験として行った。こんな事はアメリカでは絶対に出来なかった。彼等は千載一遇のチャンスを逃さなかった。「農地改革」は、現代でも過大評価されている傾向があるが、現実には、日本の地主の多くは大地主ではなく、また小作農からの搾取も無かった。

また、一見公平に見える農地改革だったが、弊害も小さくなかった。農地が細分化された事によって効率が悪くなり、また兼業農家が多くを占め、中核的農家が育たなかった。戦後、日本の食料自給率が先進諸国の中で最低水準になった原因の一つが農地改革だとする考え方もある。

それに農地の転売には制約を設けなかったため、後に、米を作らなくなった都市近郊の農家が土地を宅地業者に売り始めた。それに対して政府が殆ど制限をかけなかったために、高度経済成長の住宅ブームで地価は高騰し、一般庶民が土地を手に入れる事は容易ではなくなるなど、重大な問題が色々発生した。（以上三節⑬参照）

華族制度の廃止

ＧＨＱは「華族」も廃止した。華族とは、元公家や江戸所代の大名家、維新の功労者が欧州風の爵位を受けた貴族である。爵位は公爵、侯爵、伯爵、子爵、男爵の五つである。華族には様々な特権が与えられていた。

昭和二十二年（一九四七年）、日本国憲法の十四条によって、華族は廃止になった。

（以上二節⑬引用）

天皇の全国行幸を国民は大歓迎した

昭和二十一～二十九年（一九四六～一九五四年）：昭和天皇は終戦の翌年から八年間にわたり、警備も無いままで、沖縄を除く全国を行幸して、国民と接し、国民と親しく言葉を交わし、国民を励まして歩いた。この計画を聞いて、GHQは「天皇はきっと国民から罵声を浴びせられ、石ころを投げつけられるに違いない」と予言したが、この予言は完全に外れ、天皇は国民の殆どから、「万歳」と感動の涙で大歓迎され、これに世界中が驚愕した。敗戦国の元首は外国に逃亡するか、国民に殺されるか、どちらかだったので、この大歓迎は驚くべき出来事であった。（以上⑬引用）

朝鮮戦争特需

GHQの気まぐれに付き合わされて、苦しんでいた日本に幸運がめぐって来た。朝鮮戦争である：昭和二十五年（一九五〇年）六月～昭和二十八年（一九五三年）七月

アメリカとソ連の事前の合意により、朝鮮半島は北半部をソ連が、南半部をアメリカが占領していたが、昭和二十三年（一九四八年）に南の大韓民国（韓国）と北の朝鮮民主主義人共和国（北朝鮮）に分かれて独立した。ちなみに、支那大陸では、最終的に共産党政権が勝利し、昭和二十四年（一九四九年）十月、「中華人民共和国」が

生まれていた。

昭和二十五年（一九五〇年）六月二十五日に、突然北朝鮮軍が韓国に侵攻し、あっという間に、韓国軍が南端の釜山にまで追い詰められてしまったので、支援していたアメリカがその同盟国と共に参戦し、ソウルの近郊の仁川に上陸作戦を敢行して、北朝鮮軍を分断し、今度はあっという間に中華人民共和国（中共）国境まで押し返した。そこで、北朝鮮を支援していた中共軍が参戦し、本格的な戦争に拡大したのである。中共軍の参戦とその人海戦術で、アメリカ連合軍は南に押し戻されたが、元の国境の北緯三十八度線付近で膠着状態になったので、昭和二十八年（一九五三年）七月、関係国が停戦協定を締結して、現在に至っている。この際に、ソ連は停戦に断固反対した。アメリカと中共を戦わせておけば両国は疲弊し、ソ連にとって有利な状況が出来ていくからである。韓国も断固反対したが、これは子供のダダと似た様なものであった。

この戦争はアメリカ中心の自由主義連合軍と中共軍中心の共産主義国連合軍との初めての本格的戦争であった。損害は韓国軍約二十八万人、アメリカ軍約四万人、民間人約六七・七万人、北朝鮮軍約二九・四万人、中国軍約一三・五万人、民間人約百八・六万人である。（以上四節⑬参照）

日本は、アメリカに平和憲法を押し付けられたばかりで、戦争に動員される事もなく、また、マッカーサーに軍需産業の復活と警察予備隊（後の自衛隊）の創設を命じられて、安全な場所で軍需物資を作り続けて、鉱工業が一気に息を吹き返し、これと共に景気が急速に好転して、高度経済成長へと繋がっていった。

韓国軍が日本の九州を占領するために南下したのが原因？

なお、この朝鮮戦争の始まりは、李承晩大統領が、アメリカの警告を無視して、対馬と九州を占領するために韓国軍の主力を少しずつ南に移動させて、三十八度線付近の防衛が手薄になり、これにいち早く気付いたアメリカが韓国を牽制するために、「韓国はアメリカの守備範囲ではない」という意味のアチソン声明を発表したので、北朝鮮はスターリンと毛沢東の同意を得て、安心して韓国に攻め込んだ、ともいわれる。

この戦争の戦犯第一号の、李承晩大統領は初めから韓国軍を置き去りにして、ずーっと逃げ回り続け、この大統領に倣って、韓国軍も戦闘が始まると、武器・弾薬を放り出して、直ぐに逃げ出すので、これに伴いアメリカ軍も同盟国軍も不必要で多大な被害を蒙ったといわれる。勿論、韓国だけで、民間人にも約二百万人の人命が失われ、朝鮮半島は完全に荒廃した。この民間人の死者は多くが南北両軍による虐殺だった、といわれる。ここでも、支那大陸の「戮民」（りくみん：殺される民）の文化が受け継がれていた。（以上三節Ⓦ参照）

アジア諸国の独立

大東亜戦争で日本軍に追われたイギリス、フランス、オランダは植民地支配を復活させるために、戦後、東南アジアに軍を派遣したが、既に民族主義に目覚めていたアジア諸国は列強諸国に怯まず、勇敢に戦い、日本の敗戦後十五年以内に、次々に独立を果たしていった。

東南アジアの諸国民は、欧米列強による長い植民地支配によって、「アジア人は白人に絶対に勝てない」と思い込んでいた。その認識を覆したのが、日本人だった。無敵の強者と思われていた白人をアジアから駆逐する日本軍を見て、彼等は自信と勇気を得たのである。また、多くの日本兵が現地に残り、現地の人々と共に、欧米の軍に対して、独立戦争を戦って命を落とした。インドネシアでは各地の英雄墓地に独立戦争で死んだ多くの日本人が埋葬され、眠っている。（以上二節⑬引用）

米ソの冷戦

第二次世界大戦は決して世界に平和をもたらさなかった。以前のルーズベルト大統領との合意に基づいて、ソ連は東ヨーロッパの国々を呑みこみ、無理やりに共産化して、ソ連の衛星国家にした。ソ連の政策に反対する者達は、たとえ首相であっても粛清された。ソ連と共産主義の進出を抑えるために、昭和二十四年（一九四九年）四月に、西側諸国が軍事同盟である北大西洋条約機構（ＮＡＴＯ）を結成すると、ソ連もまた、昭和三十年（一九五五年）五月に、東ヨーロッパ諸国とワルシャワ条約機構（ＷＴＯ）という軍事同盟を結成して対抗した。いわゆる「冷戦」の始まりである。

中国（支那）大陸では、蔣介石の率いる国民党と毛沢東率いる中国共産党が内戦を再開し、昭和二十四年（一九四九年）十月に中国共産党が勝利して、「中華人民共和国」が生まれた。蔣介石は台湾に逃れ、その地に「中華民国」が生まれた。（以上二節⑬引用）

これは、日本が敗戦を受け入れた後、ソ連が日本軍の放棄した大量の武器を中国共産党に与え、援助したのに反し、アメリカとイギリスは「目的は達した」と、蔣介石に対する全ての援助を停止した事が大きな原因である。アメリカはいつも視野が狭く、自分勝手で、それで多数の墓穴を掘るのである。

日本の独立

朝鮮半島と中国大陸に共産主義国家が生まれた事でアメリカは「日本を農業国にしよう」というそれまでの政策から、工業国に戻す方針に転換した。

日本に駐留していたアメリカ軍が大規模に朝鮮半島に出撃した事で、日本国内の治安維持のための部隊が新たに必要になり、ＧＨＱは日本政府に対し警察予備隊を作ることを命じた。これが後に自衛隊になる。

他方、日本は朝鮮半島で戦うアメリカ軍に大量の軍需物資などを供給して、一気に経済が息を吹き返した。日本の急速な復興を見てアメリカは、日本の独立を早めて、自由主義陣営に引き入れ様と考えた。実はこの時まで、日本の独立はいつになるか分からなかったのである。

昭和二十六年（一九五一年）九月、日本は四十八の国々とサンフランシスコで講和条約を締結する事になった。この条約を結べば、大東亜戦争は完全に終結し、日本は完全に主権を回復して、独立国になる事が出来る。しかし、日本の独立は、ソ連にとっては非常に都合の悪いものだった。独立した日本が西側の自由主義陣営に加わるのは明白だからだ。敗戦によって国力は大きく削がれたとはいえ、その潜在能力は東側陣営にとって脅威だった。

そこで、スターリンは中国共産党を経由して日本の社会党と共産党に「講和条約を阻止しろ」という指令を下したと言われている。これを受けて、野党第一党の社会党と共産党は、講和条約締結に真っ向から反対した。さらに、時の東京大学総長を始めとする多くの大学長や学者、知識人も反対の論陣を張った。彼らの多くは、「公職追放」の後、大学に入ってきた社会主義者だった。

彼らが講和条約締結反対の理由として挙げたのは、「全ての国と講和すべきで、単独講和はすべきでない」というものだった。しかし、当時、日本の講和に反対していたのは、ソ連とチェコスロバキアとポーランドの三国のみであった。日本と戦ったアメリカやイギリスやフランスなど世界の四十八ヶ国という圧倒的多数の国々との講和を、「単独講和」と言い換えるのは、悪質なイメージ操作である。にも拘わらず、朝日新聞をはじめとする当時のメディアもこの主張を支持して、「単独講和反対」の報道を繰り返した。時の首相、吉田茂は、東京大学総長の南原繁の名を挙げ、講和に反対する学者たちを「曲学阿世の徒」と呼んだ。「世におもねるインチキ学者」と呼んだのである。

それでも、約半年後の昭和二十七年（一九五二年）四月、講和条約が発効されて、日本は戦後七年で主権を回復し、独立を果たす事が出来た。そして、日本を支配して

いたＧＨＱも去って行った。（以上四節⑬引用）

戦犯の早期釈放

独立後、極東国際軍事裁判所（東京裁判）によって「戦犯」とされていた人達の早期釈放を求める世論が沸騰し、国民運動が起こった。日本弁護士連合会（日弁連）もこの運動を後押しした事もあり、日本の人口の半数近い四千万人の署名が集まった。政府はこうした世論を受け、昭和二十八年（一九五三年）、「戦争犯罪による受刑者の赦免に関する決議案」を国会に提出し、衆議院本会議に於いて、ほぼ全会一致で、戦犯の赦免が決議された。これはＧＨＱによる「ＷＧＩＰ」の洗脳に、この時点では未だ染まっていなかった、という事である。洗脳の効果が現れるのは、実はこの後であった。

政府はこの後、サンフランシスコ講和条約第十一条に基づき、旧連合国に対して、「全戦犯の赦免・減刑勧告」を通告したが、どの国からも反対は無かった。（以上二節⑬引用）

日米安全保障条約締結

サンフランシスコ講和条約により独立した日本は、朝鮮戦争後の経済復興により、再び国力を取り戻しつつあった。昭和二十九年（一九五四年）からの好景気は「神武景気」と名付けられた。

しかし、その一方、憲法九条により自前の軍隊を持つことが出来ず、「自国の領土と国民を自ら守る能力が無い」という極めて脆弱な国でもあった。サンフランシスコ講和条約が成立すれば、全ての占領軍は日本から撤退する事になっていたが、その時点では未だ朝鮮戦争が続いており、アメリカ軍が撤退すれば、軍隊を持たない日本が、たちまち安全保障上の危機に陥るのは明白であった。

そこで、講和条約が結ばれた同日、吉田茂首相は、日米安全保障条約（日米安保）を締結した。しかし、この条約には「アメリカは日本を防衛する義務がある」とは書かれていなかった。一方、アメリカ軍は日本の如何なる場所にも自由に基地を作る事が出来た。さらに、日本国内で内乱が起きた場合は、その鎮圧のためにアメリカ軍が出動出来る（内乱条項）という、日本にとって不利、不平等な内容だった。（以上三節⑬引用）

李承晩ラインの設定

まさにその弱点を衝く様に、講和条約発効前の昭和二十七年（一九五二年）一月、韓国の初代大統領・李承晩は、それまでの国際慣例を無視して、日本海に勝手に国境線を引き（李承晩ライン）、そのラインを越えた日本漁船を勝手に取り締まるなどして、日本固有の領土である竹島を不法占拠した。これに対し、昭和二十八年（一九五三年）には、島根県と海上保安庁が韓国人六人を退去させ、領土標識を建てた。しかし、韓国の守備隊が上陸し、竹島の占拠を開始して、竹島周辺で操業している日本漁船に対し、銃撃や拿捕を繰り返す様になった。

昭和四十年（一九六五年）に日韓基本条約と漁業協定が締結されるまでの間に、拿捕された日本漁船は約三百三十隻、抑留された船員は約三千九百三十人、死傷者は四十四人に上る。抑留された漁民には残虐な拷問が加えられ、劣悪な環境と粗末な食事しか与えられず、餓死者まで出た。それでも、軍隊の無い日本は、抑留された漁民も、奪い取られた竹島も取り返すことは出来なかったのである。（以上二節⑬引用）

憲法改正の失敗

ＧＨＱが押し付けた日本国憲法では国土も国民も守れないと気付いた、保守政党の日本民主党と自由党は「自主憲法制定」と「安保条約の改定」を目指し、昭和三十年（一九五五年）十一月に合併して自由民主党を結成した。同年十月、分裂していた日本社会党も統一し、ここに二大政党の時代が始まった。

当時の国民は「憲法改正」を目指す自民党を支持し、この直後の衆議院総選挙では、四百六十七議席の内二百八十七議席を自民党が占めた。しかし、憲法改正に必要な三分の二には僅かに足りなかった。ＧＨＱは、日本人が容易に憲法を改正出来ない様にと、非常に高いハードルを設けていたのである。（以上二節⑬引用）

安保改正

岸信介首相は安保改正のためにアメリカと粘り強く交渉を続け、ついに、昭和三十五年（一九六〇年）一月、日米安保を改正した新条約に調印した（新安保条約）。これにより、アメリカには有事の際には日本を防衛するという義務が生じ、さらに今後は、日本の土地に自由に基地を作る事は出来なくなった。そして、国内の内乱に対して、アメリカ軍が出動出来る、いわゆる「内乱条項」も削除された。つまり、日本にとっては大きな「改正」であった。

しかし、この改正もまたソ連や中国の共産主義陣営にとっては、都合の悪いものであった。そこで、日本社会党や日本共産党は、「この改正によって、日本はアメリカの戦争に巻き込まれる」という理屈を掲げて反対し、傘下の労働組合や学生団体などを煽動して、大掛かりな反対運動を起こした。この時もまた、多くの大学教授や知識人、マスメディアが反対の論陣を張り、世論はまさに「安保改正反対」の一色に染まったかの様に見えた。自民党が新安保条約の議会承認を決議する時期の前後には、議会周辺を多数のデモ隊が取り囲む騒乱状態になった。

だが、この時、デモに参加していた夥しい大学生達は、新安保条約の条文を正しく理解していなかったばかりか、読んですらいない者が大半で、日本社会党や日本共産党に踊らされているだけの存在だった。

連日、国会周辺で何万人ものデモ隊と警官隊との衝突があり、怪我人や死者も出たので、岸首相は治安のために、防衛庁長官に自衛隊の出動を要請するが、赤城宗徳長官は「自衛隊が国民の敵になりかねない」と言って拒否した。膨れ上がるデモ隊を前に、官邸の安全確保に自信が持てなかった警視総監は、岸首相に官邸からの退去を要請するが、岸は「官邸は首相の本丸だ。本丸で討ち死にするなら男子の本懐ではないか」と言って拒絶した。

新安保条約の自然承認が成立する六月十八日の夜には、国会と首相官邸には三十三万人のデモ隊が終結した。当時、日本全国の警察官は約十二万七千人だった。もし、デモ隊が暴徒と化せば、それを鎮圧する事は不可能だった。しかし、岸首相は弟の佐藤栄作大蔵大臣と共に、死を覚悟して、首相執務室に居た。そして、デモ隊も暴徒にならなかった。

こうして、岸首相は新安保条約を成立させると、一ヶ月後、混乱の責任を取る形で総辞職し、議員をも辞職した。総辞職の前日、彼はテロリストに刺されて、重傷を負っている。辞職の四ヶ月後に行われた衆議院総選挙では、四百六十七議席の内、自民党が二百九十六議席を獲得して、圧勝した。つまり、マスメディアが報道していた「世論」は、国民の意識を正しく反映していなかったのである。こうしたマスメディアによる世論の捏造は、明治時代から脈々と続き、この後も長く続いた。（以上七節⑬引用）

蘇る自虐思想

昭和四十～五十年（一九六五～一九七五年）にかけての日本は、高度経済成長を成し遂げ、国民生活が飛躍的に向上した時代であったが、その繁栄の裏で、厄介な問題が起こっていた。それは占領軍が去ってから鎮静化していた「自虐思想」が再び強くなってきた事である。

日本人はアメリカ軍による占領時代にＧＨＱによる「ＷＧＩＰ」の洗脳を受けたが、独立と同時に起こった戦犯赦免運動でも明らかな様に、戦前に教育を受けてきた国民の多くには、心の深くまで自虐思想が浸透しなかった。

昭和三十五年（一九六〇年）の安保改定後の総選挙で自民党が圧勝したのも、有権者の全員が戦前生まれだったからである。昭和三十年代には、祝日になると町の至る所に「日の丸」が揚がり、儀式の際には普通に「君が代」が歌われていた。

ところが、昭和十年代の終わり（戦中）以降に生まれた人達は、小学校に入った頃から、自虐思想を植え付けられた人達である。何も知らない白紙の状態の柔らかい頭と心に一つの思想を注入された時の効果は絶大である。この戦中生まれと、その後に生まれた団塊の世代の多くが、今も自虐思想から抜け出せないのは、ある意味で当然と言える。不幸な事に、この世代は戦前の日本の全てを否定する日本人として育てられたのだ。

ＧＨＱの「ＷＧＩＰ」洗脳第一世代というべき戦中生まれの人々が社会に進出し始めた、昭和四十年代頃から、自虐思想が再び頭をもたげてくる様になる。そして、洗脳第二世代というべき「団塊の世代」（昭和二十二〜二十四年生まれの人達）が社会に出始めた、昭和四十年代半ば頃から、それに拍車がかかっていく。

「WGIP洗脳世代」は、「日の丸」「君が代」は勿論、「天皇」「靖国神社」「戦犯」、さらには「愛国心」をも全否定するという、GHQの占領時代にも無かった思想を押し立てた。それは全て軍国主義に繋がるというのが、彼らの理屈だった。彼等はGHQが押し付けた日本国憲法を賛美し、憲法九条は「世界に誇るべき平和宣言」であると盲信した。

この人々こそ、まさにGHQの落とし子であり、「WGIP」の信者であると言えた。彼らの自虐思想は、親の世代が生きた戦前の日本を全否定するまでに膨張し、さらに「反日」という思想が生み出されていった。（以上は七節⑬引用）

このGHQによる「洗脳」は、明治の新政府による若者達への「洗脳」と同様に、彼らの潜在意識に自分自身ばかりではなく、自分が寄って立つもの全てを軽蔑し、破壊しようとする、いわゆる「自己破壊衝動」を育んだので、前述の様な反政府的な言動が目立つ様になるのである。母国を守ることには全く関心が無く、政府が困ることには熱心で、全力で取り組む。まるで、「どら息子」そのものである。それが「正義」だと思い込んでいるので、何も怖くない。しかし、それは彼らが自分で確認しながら育てた「信念」ではない。日本の社会主義者や共産主義者が、ＧＨＱに媚びへつらって、でっち上げた、「日本の右翼全体主義軍事独裁政権は愚かにも中国や東南アジアを占領して、大帝国を築くために、世界を相手に戦争を仕掛け、当然の様に敗北して、アメリカなどの連合軍に占領された」という偽りの歴史に騙されて、「その思想を引き継ぐ自民党政権に抵抗するのは平和に対する義務だ」と信じているだけである。この義務感に従って、彼等は「南京大虐殺」や「朝鮮従軍慰安婦」などのデマ情報を公共のマスメディアで流し続けている。

しかし、この「偽りの歴史」は、既に公開されたアメリカ政府やソ連政府の秘密文書で全くの出鱈目だと証明されている。そして、「日本の左翼全体主義政権は、スターリンの謀略に乗せられたルーズベルト政権によって、無理やり太平洋戦争に引き込まれ、敗北して、アメリカに占領された」という真実の歴史が判明している。

それにも拘わらず、彼らが「偽りの信念」を曲げないのは、それに関する新たな情報をチェックする労を取ろうとしないで、それを「正しい」と信じている人が膨大な数にのぼるからである。しかも、有名大学の教授などが「真実の歴史」を認めないからである。彼等は言葉遊びの世界で仕事をしているので、彼等の主張と事実が全く合致しなくても、問題は無いと考えている。「学問の自由」がそれを可能にしている。

大学を卒業して、大学や役所や会社に勤めている人間は膨大な数にのぼる。それらの人々が「でっち上げの歴史」を信じていて、それを前提に話をするので、仲間のしるしに、それに合わせた話をするしかないのである。こうして「皆がそう思っているから、多分これは正しいのだろう」と安心する。そうして、「偽りの信念」はよほどの大事件が起こらない限り、続いていく。その大事件とは、彼らの言動が国を滅ぼして、彼ら自身が本当の地獄を経験した時であろう。

しかし、それでも、「自分の信念が確かに自分自身で確認したものなのか?」を疑いもしない人もいる。だが、若い頃に会得した生き方が、半世紀近く生きて、様々な経験を積み重ねた後でも、未だ真理だと思える人は、殆ど考えないで生きてきた人なのではないだろうか? 周囲の人々と衝突しない様に生きてきただけではないだろうか? それも大切なことだけれども、そのせいで、近い将来に身近な人や愛する人を地獄に落とす様な事をしていないだろうか? そういう反省はしないで良いのだろうか? その様な事を考えると、遅ればせながら、「自分は信念を変えて良かった」と思うのである。

あとがき

この様に、日本人は最近の百五十年の間に、国家権力および占領軍による洗脳を二回も受けており、この洗脳により、日本人のアイデンティティーもよく分からなくなっている。そして、高学歴の人の中には、「如何なる場合でも、戦争を避ける事が最も大事なことだ」という通念が広がって、定着してしまっている。この状態は、大陸の強欲で獰猛・残酷な人々にとって、非常に都合の良い事である。しかし、「戦わない事が国を失う事と同義だとしても、一番大事な事なのか？　伝染病に罹った時に、強制的に隔離されて、治療も受けられないで、ただ大人しく死を待つしかない様な、残酷な扱いを受けても、また、列車事故が起こった時に、救助活動さえ無しで、即座に生き埋めにされても、戦わない事がそんなに大事なのか？」を常に考えていなければならない、世界的状況がさし迫っている事は間違いない。

この作品は巻末の方々の書籍等の記述を土台にし、私の個人的な解釈も交えて、「何故、大日本帝国が滅亡したのか？」を、出来る限り最新の事実認定に基づいて、分かり易く書こうと試みたものである。だから、未だ日本の通念になっていないデータでも、合理的と思えれば、著者の責任でどんどん採用した。

基本的に百田尚樹著『日本国紀』を土台とさせていただいたが、物足りない部分を補って、亡国の多様な原因を浮き彫りにして、面白い読み物にすることを心掛けた。なお、全体に、年月日等の細かい事実の確認は「ウィキペディア：Ⓦ」で行った。記して、お礼を申し上げる。

そして、著者もGHQの洗脳を受けて、七十年以上ものうのうと生きて、しかも、GHQにへつらう先人達がデッチ上げた自虐史観を基に、人生を選択し、話をしてきた事を、先祖と家族と先輩・後輩の皆様に深くお詫び申し上げる。

最後に、文芸社のスタッフ諸氏に大変お世話になった。記して深くお礼申し上げる。

終わり

本書には不適切と思われる語句や表現がありますが、
時代背景をかんがみ作品を尊重しそのままとしました。

参考文献

（〇印：文献番号）

①江崎道朗著『コミンテルンとルーズベルトの時限爆弾』二〇一二年、㈱展転社発行
②江崎道朗著『日本は誰と戦ったのか』二〇一七年、ＫＫベストセラーズ発行
③江崎道朗著『コミンテルンの謀略と日本の敗戦』二〇一七年、㈱ＰＨＰ研究所発行
④岡田英弘著『誰も知らなかった皇帝たちの中国』二〇一八年、ワック㈱発行
⑤倉山満著『嘘だらけの日米近現代史』二〇一二年、㈱扶桑社発行
⑥倉山満著『嘘だらけの日中近現代史』二〇一三年、㈱扶桑社発行
⑦倉山満著『嘘だらけの日露近現代史』二〇一五年、㈱扶桑社発行
⑧倉山満著『嘘だらけの日英近現代史』二〇一六年、㈱扶桑社発行
⑨桑原嶽著『乃木希典と日露戦争の真実』二〇一六年、㈱ＰＨＰ研究所発行
⑩新野哲也著『日本は勝てる戦争になぜ負けたのか』二〇一三年、㈱光人社発行
⑪原田伊織著『明治維新という過ち　日本を滅ぼした吉田松陰と長州テロリスト』二

〇一七年、㈱講談社発行
⑫原田伊織著『続・明治維新という過ち　列強の侵略を防いだ幕臣たち』二〇一八年、㈱講談社発行
⑬百田尚樹著『日本国紀』二〇一八年、㈱幻冬舎発行
⑭百田尚樹・有本香共著『「日本国紀」の副読本』二〇一八年、㈱産経新聞出版発行
⑮藤井厳喜著『太平洋戦争の大嘘』二〇一七年、ダイレクト出版㈱発行
⑯久保有政著『日中戦争の真実―日本近代史』二〇一三年、キリスト教読み物サイト、レムナント出版発行
⑯久保有政著『自虐史観を脱せよ―「日本は悪い国、侵略国家」ではなかった』二〇一三年、レムナント出版発行
⑰東アジア歴史文化研究会（小名木善行）著『中国人による四回あった南京事件』二〇一八年、「歴史の真実」サイト
⑱倉山満著『帝国憲法の真実』二〇一四年、㈱扶桑社発行
⑲田島裕司著『明治憲法の欠陥』二〇一八年、サイト「歴史家とっきいの振り返れば未来」
⑳八木秀次著『明治憲法の思想　日本の国柄とは何か』二〇〇二年、㈱ＰＨＰ研究所

発行
㉑阿部牧郎著『神の国に殉ず』全三巻、二〇一四年、㈱祥伝社発行
㉒岡部伸ほか『ヤルタ密約　日本はソ連の参戦を知っていた!?』二〇一九年、チャンネルくらら発動画、ユーチューブ
㉓小島伊織著『神の子の家　亡き父母への鎮魂歌』二〇一六年、㈱文芸社発行
Ⓦウィキペディア

以上

著者プロフィール

小島 伊織（こじま いおり）

昭和20年6月　福島県新地村生まれ。小学校から高校まで仙台育ち。
昭和44年3月　金沢大学理学部地学科卒。
昭和46年4月　政府事業団勤務。
昭和55年　主に自営業（建設業界で地質調査や埋設物探査に従事）。
昭和62年1月　技術士（応用理学部門）取得。
資源探査や土木地質調査、地下空洞・埋設物探査などを主とする老地質技術者。
趣味はカラオケ、スキー、草刈りそして物書き。
草刈りは犬の散歩道の整備のためと運動不足を解消するために始め、今では約2kmの農道の両側を勝手に刈り払っている。自分の土地ではないが、文句を言う人は誰もいない。100ｍくらいの農道を綺麗に刈り払い、振り返ると美しい田園の緑と達成感で胸が一杯になる。
著書：『悪戦苦闘の果てに』（2012年　文芸社）
『神の子の家　亡き父母への鎮魂歌』（2016年　文芸社）

維新から百年　日本国興亡の真相？

2020年６月15日　初版第１刷発行
2023年12月25日　初版第２刷発行

著　者　小島 伊織
発行者　瓜谷 綱延
発行所　株式会社文芸社
〒160-0022　東京都新宿区新宿１－10－１
電話　03-5369-3060（代表）
03-5369-2299（販売）

印　刷　株式会社文芸社
製本所　株式会社MOTOMURA

©KOJIMA Iori 2020 Printed in Japan
乱丁本・落丁本はお手数ですが小社販売部宛にお送りください。
送料小社負担にてお取り替えいたします。
本書の一部、あるいは全部を無断で複写・複製・転載・放映、データ配信することは、法律で認められた場合を除き、著作権の侵害となります。

ISBN978-4-286-21650-8